基本公共服务均等化研究

JIBEN GONGGONG FUWU
JUNDENGHUA YANJIU

涂勤 曲玮 潘从银◎主编

中国社会出版社
国家一级出版社 · 全国百佳图书出版单位

图书在版编目（CIP）数据

基本公共服务均等化研究 / 涂勤，曲玮，潘从银主编
.—北京：中国社会出版社，2021.12
ISBN 978-7-5087-6674-4

Ⅰ.①基… Ⅱ.①涂… ②曲… ③潘… Ⅲ.①公共服务—研究—中国 Ⅳ.① D669.3

中国版本图书馆 CIP 数据核字（2021）第 268132 号

出 版 人：浦善新	**终 审 人**：李　浩
责任编辑：陈　琛	**策划编辑**：金　伟
责任校对：张　迟	**封面设计**：李尘工作室

出版发行：中国社会出版社	**地　　址**：北京市西城区二龙路甲 33 号
邮政编码：100032	**编 辑 部**：(010)58124836
网　　址：shcbs.mca.gov.cn	**发 行 部**：(010)58124838
经　　销：新华书店	

印刷装订：北京虎彩文化传播有限公司	**开　　本**：170 mm×240 mm　1/16
印　　张：12.75	**字　　数**：170 千字
版　　次：2021 年 12 月第 1 版	**印　　次**：2021 年 12 月第 1 次印刷
定　　价：39.00 元	

中国社会出版社微信公众号

中国社会出版社天猫旗舰店

编写组成员

范　莎　聂子涵　胡　苗
王志敏　郭赛赛　王　倩
蒋诗琪　谭艳美　闫　静
李资博

目 录

上 篇 他山之石

下　篇　中国方案

·上 篇·

他山之石

第一章　基本公共服务及其均等化的内涵与外延

一、基本公共服务

明确界定基本公共服务的范围，不论是对政府还是对公民个体都是十分重要的。一方面对政府来说，明确基本公共服务的范围有利于进行合理的融资和发展规划，并建立行之有效的实施制度框架；另一方面对公民来说，明晰的基本服务范畴有助于公民了解相关权益、使用相应服务、与服务供给方沟通互动。从长远发展的眼光看，清晰、明确自身可获得的公共服务权益，可以帮助民众系统地规划未来的子女教育发展、自我能力建设和开发、投资创业等各个方面。

不同时期、不同区域和不同条件下，基本公共服务的内涵与外延都有所差别。不同国家和地区的政府依据自身财政能力，在不同阶段、可承受的范围之内都会有所侧重，一般重点会包括诸如清洁饮用水、卫生设施、教育、医疗卫生和住房等具有较高成本效益和社会价值的服务。本书搜集、整理和归纳了欧美和亚洲数个国家和地区对基本公共服务的界定，可以看出，尽管基本公共服务的界定范围、涉猎内容有所差异，但总体方向基本一致，都是由政府主导、保障全体公民生存和发展基本需求、与经济社会发展水平相适应的公共物品的供给。

美国学者 William H. Lucy 等人（1977）按照公共服务的功能属性将其划分为四个类别。

1. 常规性服务（Routine Services）：提供人们日常必须接触和经常使用到的服务，包括供水供电、垃圾和污水处理、运输和公共交通等公共基础设施。提供这些服务的行业具有自然垄断特点，并且需要缴纳一定的费用，因而具有一定的竞争性，属于“准公共品”。

2. 保护性服务（Protective Services）：目的是维护公共秩序以及保护个体和财产安全，包括警察、执法、法院、消防、防灾等。治安和消防部门体现了两个功能，一是防止不良事件发生的预防功能，二是发生事件后采取行动的补救功能。保护性服务属于具有非排他性和非竞争性的“纯公共品”。

3. 发展性服务（Developmental Services）：目的是为个体生理、心理和智力的发展提供服务，即服务于国家人力资本潜能的提升，包括教育、图书馆、公园和娱乐健身设施等文体服务，教育是其中与公平性最密切相关的内容。这里的服务是发展性的，而不是维护人的最低生存能力，这与后面提到的“最基本公共服务”有所不同。

4. 最基本公共服务（Minimum Social Services）：体现了社会资源再分配属性，也是学者和公众最关注的公共服务类型。最基本公共服务主要由联邦和州政府负责，包括公共援助、医疗卫生、公共健康、食品券和午餐补贴、日间照料、职业培训和保障性住房等。大部分服务是为特殊群体提供最低的收入和生活保障，以及能够维持生活的基本能力和技能。

美国政府提供的基本公共服务项目通常会以联邦政府和地方政府两个层面予以实施。从联邦政府层面看，据美国联邦政府网站上列举的政府服务（Services）内容看，基本公共服务主要是政府为个人和组织提供财务帮助的计划或项目，涵盖的主要内容如表 1-1 所示。

表 1-1 美国政府财政支持公共项目

政府福利、补助金和贷款（Government Benefits, Grants, and Loans）	包括全社会性的福利、补助和贷款、食物救助（Food Assistance）、社会服务和社会保障（Social Services & Security）、经济适用房（Affordable Rental Housing）、学生财政援助（Financial Aid for Students）、军人项目和福利（Military Programs and Benefits）、退休和失业人员援助等服务内容
残疾人服务（Disability Services）	包括救助、补贴、保险、医疗、看护、财政支出（解决住房、税金、医疗费等问题）、教育、就业和退伍军人伤残津贴等服务内容
教育（Education）	包括幼儿照料，小学、中学和高等教育，助学金、学生贷款，图书馆资源和教师资源
住房（Housing）	包括经济适用房、移民等住房相关服务
医疗卫生（Health）	包括育儿、医生和医疗设施、健康保险、医药、心理健康与药物滥用、疫苗等
就业（Jobs and Unemployment）	包括劳动法，就业、创业支持，退休金，失业援助等
军人和退伍军人（Military and Veterans）	包括参军、军事，退伍军人教育计划、养老金、退伍军人丧葬和幸存者福利、健康福利、住房支持、就业和职业培训等内容
灾难和紧急事件（Disasters and Emergencies）	包括灾难导致的住房、食物等救灾物资、经济救助和幸存者救助等内容
环境（Earth and the Environment）	有关能源、绿色技术、污染、野生动植物等

资料来源：https：//www. usa. gov/#tpcs。

由于美国各州以及各县市享有较大的自主权，地方政府在区域内基本公共服务方面也承担了重要的职能作用。美国国际市县管理协会（International City/County Management Association，ICMA）对美国公共服务供给方式给出了包括公共工程与交通、公共安全、公用事业、健康与人力资源、公园及娱乐、文化艺术和保障功能 7 大类 64 种服务项目的具体定义①。

与美国类似，加拿大联邦政府列举的公共服务项目主要包括社会福利（就业保险、家庭和疾病、退休金、住房、助学金、残疾人服务等）、医疗卫生（食品、营养、疾病、疫苗、药品、产品安全和召回等）、文化体育、青少年服务、军人与退伍军人、国防、环境和资源、司法等方面内容。加拿大通过宪法以明确规范各级政府的事权的方式，来约束各级政府对其所辖区域的基本公共服务项目的投入。联邦政府层面，以国防、外交、公共治安、社会保障、社会服务、社会援助等事项为重点；省级政府层面，以各省区范围内的教育、医疗卫生、公共健康、公共基础设施、社会保障等事项为重点；地方基层政府层面，重点负责辖区内教育、市政建设和管理、社区建设和服务等事项。其中，公共教育、公共医疗卫生和健康服务等科教文卫项目涉及多层级政府共同负责的项目。

欧洲地区，以德国为例，早在 19 世纪后半叶，社会政策学派基于公共产品的非排他性和非竞争性特征，提出了“公共服务”概念，规定无论出于什么原因，无论谁是供给主体，只要商品或者服务是集体组织所提供的，就应被定义为公共物品或公共服务。目前，德国的基本公共服务涉及医疗、养老、失业、教育、残疾人和家庭六大领域，其核心是物化的产品或服务。

亚洲地区，日本、韩国和我国台湾地区的公共服务体系都有各自的特征。日本的公共服务供给体系较为完善，主要由公共组织提供，政府在兼顾效率与公平原则下，通过适当干预进行调节分配，整合市场和政府资源，建立以个人自助为主，辅以政府补助及商业保险的公共服务体系，服务涉及的领域主要集中在教育、医疗、交通、司法、消防以及公共安全等

---

① https：//icma. org/survey-research-datasets.

方面；从发展脉络看，第二次世界大战后韩国公共服务体系的建立呈现出了鲜明的阶段性特征，随着经济的发展不断改进和完善。目前韩国中央政府主抓基本收入、基本医疗、基本教育和基本居住四个领域，遵循“全民皆有、无城乡差别”原则，使国民享有根本和较为稳定的安居乐业保障。我国台湾地区的基本公共服务内容也包含了 9 个方面，如基本公共教育、医疗卫生、社会保险、公共文化教育、优军优抚、残疾人服务、社会服务、住房保障和劳动就业与创业。

总体上看，尽管发达国家和地区政府对基本公共服务内容界定和供给重点稍有不同，但都是紧紧围绕“基本”这一根本需求，根据不同的社会发展水平和政府定位有所侧重。

二、基本公共服务均等化

无论是发达的欧美地区，还是亚洲国家和地区，虽然对基本公共服务的界定和供给方式有所差异，但总体上的依据仍然基于“基本公共服务的定位是由政府供给的公共产品或准公共产品”这一原则，普遍强调公平，因此，均等化问题就成为衡量基本公共服务供给水平的一个关键因素。

均等化并不意味着完全的、一刀切的均分，由于地区不同、社会环境差异，应根据不同人群受众及其需求特征予以区别对待。一般地，地方或国家政府在提供公共服务时重点会基于以下三个方面的原则：一是公民是否能受到平等对待；二是特殊人群是否能受到特殊对待；三是每种服务应有一个最低水平或最低要求，在此水平或最低要求上提供的质量和数量不应下降（Lucy 等，1977）。从国家或地区层面看，上述三个方面原则中，“均等化”在第三方面的体现最为困难，难点主要体现在以下两个方面：一是最低水平和最低要求的界定较为困难；二是国家或地区内部不同区域社会、经济发展水平有所差异，导致各区域对基本公共服务需求和供给差异化较为明显，很难保证一个水平上的“供给质量和数量的不下降”。

关于国家层面如何实现公共服务均等化目标，加拿大为我们提供了较为成功的现实案例，或可以为我们的研究作一定参考。加拿大的做法是通过省际财政转移支付，平衡不同地区在现有财政收入水平下的投入水平，以实现相对均等化的总体目标。一方面，通过宪法明确规定要“确保省级政府在合理的、可比的税收水平下有足够的财力提供合理、可比的公共服务”；另一方面，政府采取均衡支付原则，通过中央政府统筹来帮助各省政府能够在一个标准水平下提供基本公共服务。基于加拿大联邦政府财权事权制度，联邦政府集中了大部分财政收入，省、地方政府之间的财政差距较大，为了实现省级财政水平和政府能力均等化，联邦政府依照联邦标准税基、国家平均税率和各省人口总量计算省级人均财政收入水平；以此为基础以 5 个中低收入省份的人均财政收入水平作为均等化的参照标准；最后，联邦政府将按照省人均财政收入水平和均等化参照标准之间的差额对人均财政收入水平低于这一均等化参照标准的省份进行补贴，以达到区域财力均等化标准。概括起来，加拿大的主要做法是通过财政转移支付制度来平衡各省财政不均衡，从而保证各省之间的公共服务供给能力基本相当。加拿大的转移支付体系如表 1-2 所示，大体包括专项转移支付和无条件转移支付两大部分，下面又有各项细分，较为完整和合理的转移支付体系为各省之间平衡公共服务供给能力和水平，促进公共服务均等化起到了关键的作用。

表 1-2　加拿大转移支付体系构成

	项目名称	特点
专项转移支付	社会保健项目（CHST）： （1）健康转移支付（CHT） （2）服务转移支付（CST）	资金专项专用，目前 CHT 项目是联邦政府向州政府进行财政转移支付体量最大的项目

续表

	项目名称	特点
无条件转移支付	均等化项目（EP）	除北部三个地区外，联邦政府对省级行政区提供的无条件转移支付，目的是均衡各地财政能力。在参照标准之下的地区均可获得补贴
	地区常规转移支付（TFF）	加拿大联邦政府针对北方三个地区设置的特殊性转移支付项目，以确保当地政府有能力提供相当的基本公共服务。三个地区为育空地区、西北地区、努纳武特地区，气候严寒，人烟稀少，经济落后。TFF 是三地财政收入的主要来源

亚洲区域，韩国和我国台湾地区对于平衡区域间公共服务均等化也有一些可借鉴的经验。与加拿大一样，韩国也是从法律层面赋予“均等化”地位，在宪法中明确规定了“所有国民都有最低限度的、有尊严的生活权利，国家要坚持不懈地增进社会保障与社会福利”。我国台湾地区在均等化发展路径方面一直强调均等化的动态发展思路，前期“低标准、广覆盖”，后期随着经济发展而逐渐提高供给标准，通过先实现初步均等，再逐步提高到供给水平实现中等水平进阶，再达到一定的平均标准，以此类推，循序渐进地由低向高逐步过渡，最后实现不同阶段的均等化。

但是，由于世界各国或地区对基本公共服务的内涵和外延定义有所差异，体制不同，发展的阶段、重点也各不相同，国际经验的总结和借鉴不能局限在基本公共服务这一宽泛的概念之下来讨论，基于此，本书结合我国基本公共服务相关内容，对应查找并总结了在相关部分发展较好的国家和地区值得借鉴的经验，进行分类总结和分析。

第二章　他山之石：专项基本公共服务供给

基于 2018 年 12 月国务院办公厅印发的《关于建立健全基本公共服务标准体系的指导意见》，本书聚焦公共教育、劳动就业创业、社会保险、医疗卫生、社会服务、住房保障、公共文化体育、优抚安置、残疾人服务 9 个重点领域，选取发展较好或者有特色的国家和地区，从保障范围、立法保障与制度安排、监测体系构建等方面具体分析基本公共服务供给的情况，并进行总结。

一、基本公共教育

（一）美国

1. 保障范围

美国是世界上最早全面普及义务教育的国家，义务教育普及运动始终居于世界领先水平。从 1852 年美国马萨诸塞州率先通过《义务教育法》，到 1918 年美国 48 个州全部通过《义务教育法》，美国用了将近 70 年的时间实现了强制义务教育。最早的义务教育多为 8 年，也有部分州为 6 年。第二次世界大战后美国开始实行 12 年义务教育，发展至 20 世纪 60 年代末，美国的高等教育毛入学率已经达到 50%，到 90 年代末该比例超过了 80%，仅次于加拿大，居世界第二位，而 25 岁及以上人口的平均受教育水平为世界第一，达到 12 年。

K-12 是目前美国大学前基础教育体系的简称，即公立公费义务教育，K 代表 Kindergarten（幼儿园），“12”代表 12 年级（相当于中国的高三），即当前美国实施从学前至高中共13个学年的公立义务教育，涵盖5岁至17岁群体。该体系保证基础教育阶段学生可以免费就读公立学校，此外义务教育阶段公费项目包括：课本费（由学校提供，学生有使用权，在学期结束后回收给下一个年级）、早餐、便宜或基本免费的午餐。对于特殊群体，如边远乡村地区、残疾学生和经济困难的学生，供给如接送、免费特殊学校、免费午餐等服务。但尽管如此，美国学校的教育质量也与学区和学区住址挂钩。

为了保证义务教育的实施，除了立法与政策法规推动，美国还设有专门的机构来负责义务教育的推行，并在较大学区设立“劝学员”“访问教师”等工作人员，推动义务教育的普及。总之，美国通过一系列措施以保证基本公共教育在个体之间的供给均等。

2. 立法保障与制度安排

美国之所以能在区域间和个体间都保持长期、均衡的基本公共教育供给，根本在于其具有完备的立法保障体系。通过长期的发展和完善，美国教育逐渐形成了公立和私立教育两个并存体系。其间美国教育经历过两次比较重要的改革：第一次教育改革始于20世纪50年代后期的冷战时期，苏联成功地发射了第一颗人造地球卫星，促使美国国会颁布《国防教育法》，将国防建设与教育紧密地联系在一起，确立以培养高科技人才为目标的教学新体系；第二次改革从20世纪60年代中期开始延续到70年代，随着民权运动展开。1965年联邦国会通过《初等和中等教育法案》，规定联邦政府根据学区经济困难学生的数量向各州和地方政府分配资金，各州和地方政府通过为小学、初中学生提供书本、文具等学习资料保证入学率，截至1966年，这项计划的投入总额就达到120亿美元。美国教授詹姆斯·科尔曼（J. S. Coleman）于1966年发表了题为《关于教育机会均等》（Equality of Educational Opportunity）的调查报告，即美国教育史上最为著名的《科尔曼报告》，提出关于不同种族人力资本发展的前景和教育机会不平等的问题；1975 年国会继而又通过《教育所有儿童法》，进一步立法确立保障残障儿童的权利；1983 年，美国高质量教育委员会发布《国家处在危险中：教育改革势在必行》报告，推行以提高基础教育毕业要求，完善课程设置为目标的教育改革；1991 年，美国总统布什签署《美国 2000 年教育战略》法案，提倡教育的多样化选择，这在一定程度上加大了公立学校之间的竞争，促进了私立学校的繁荣；1994 年，美国总统克林顿又颁布《美国教育改革法》，其中包括《2000 年美国教育目标法》，提出要在 2000 年实现的教育 8 大目标，目标之一是要保障少数民族教育权利和质量；2001 年美国总统布什颁布《不让一个孩子掉队法》（No Child Left Behind），提出要确保每一个学生无论何种条件都有获得一定质量的教育权利，力争改善中小学教育质量，提高弱势群体的学业成就，缩小不同群体的教育鸿沟；2015 年美国总统奥巴马签署《每一个学生成功法案》（Every Student Succeeds Act），在现有 K-12 基础教育体系上进行改革，废除原法案中联邦政府问责制，将教育管理自主权下放至地方，以减轻地方压力。一系列立法保障了美国政府长期致力于实现“机会平等”，推进义务教育服务均等化，也促进了各州根据各自实际情况和需求通过立法和制定规章制度来保证义务教育平等，由此带动了美国从 1970—2000 年间 30 余年的科技水平快速提升。之后随着政府市场化运动，高水平教育职能逐渐由私立学校承担。

在财政资金支持方面，一方面，为了实现基础教育阶段的普及，联邦政府大规模投入公共资金，并采取多样化的公共教育财政资金来源；另一方面，在发展高等教育方面，通常为鼓励个人资金投入，比如捐赠，持续减少公共财政对高等教育的支出比重，以保证对基础教育阶段公共资金投入的可持续性。同时，美国政府固定投入专款保证残疾儿童、学习成绩落后儿童的教育。2000 年，美国初、中等教育生均花费 12486 美元，居世界之首；法律支持方面，在高等教育阶段对私立学校和公立学校一视同仁，允许营利性私人教育机构投资，通过市场机制调节资源分配来满足社会对高等教育及人才的需求。相比 1970 年的 7.5%，2000 年高等教育的公共财政支出占 GDP 的比重为 5%，下降了 2.5 个百分点；同时，高等教育公共支出占政府总支出的比例从 22.7%下降到 2000 年的 17%，而在高等院校获得的经费中，私人投资占比从 61%提高到了 68%。

3. 监测体系

美国教育部国家教育统计中心（NCES）负责收集全国性的教育信息，涵盖了从学前教育到高等教育和职业教育所有阶段的统计信息和调查数据，这是美国国家教育指标体系构建的基础，也是对于美国教育情况进行长期的检测和评估的根本保障。NCES 编制了较为系统和全面的统计报告，诸如《美国教育统计摘要》《美国教育状况》《美国州教育指标》《教育统计季刊》《教育统计预测》等。其中《美国教育统计摘要》广泛涉及学校数、学生数、毕业生数、入学情况、教师和其他教学员工、学校和学区、教育成就、学生的行为活动、教育的国际比较、学习资源和教育技术等各个方面。

（二）德国

1. 保障范围

德国是现代义务教育的起源地，早在 1619 年德意志魏玛公国就率先规定了 6~12 岁的儿童必须入校学习。德国教育以基础教育、高等教育、职业教育和继续教育四个层次为基础展开。1990 年东、西德统一后，全面实施儿童 6 岁入学，接受 12~13 年的免费义务教育这一措施。义务教育阶段的教育经费主要由各州和地方政府承担，其中公立学校的学费全部免除，学生可享受免费营养午餐和校车服务，部分减免教科书及学习用品。家长有义务和责任帮助孩子进入学校并完成义务教育，否则将会受到法律制裁。中学之后的学生可选择接受高等教育或职业培训，高等教育属于人力资本投入，其支出主要由家庭承担。

2. 立法保障与制度安排

德国自1806年开始实行八年义务教育，是最早颁布《义务教育法》的国家之一。1849年，德国提出《保罗宪法修正案》，首次明确“受教育权”这一基本概念。德国著名法学家卡尔·施米特最先提出由制度保障公民接受教育的权利，主张个体权利的实现既要上升到宪法高度，又要有具体制度的落实。1885年起德国就实现了义务教育免费，学校经费由各级政府承担，州和地方政府负担其中九成，另外一成由联邦政府承担。1919年，德国历史上第一部民主制度宪法——《魏玛宪法》首次提出受教育权平等，但因违宪审查机制当时尚未确立，受教育权平等不具有可诉性。1949年，《德国基本法》继承了《魏玛宪法》中关于公民各项基本权利平等的原则和内容，提出不因性别、种族、宗教、残疾等而遭受歧视，体现和保障了受教育权的平等，并规定了教育制度受国家监督。1946年德国实行九年义务教育，公立学校一律免收学费，不遵守《义务教育法》的家长、雇佣学龄儿童的企业将会受到法律惩罚。基于法律法规严格规定，德国在20世纪70年代中期义务教育普及率就达到了99.4%，80年代就有90%以上的青年完成了十二年制免费教育。

制度安排方面，1945年第二次世界大战结束后，随着德国的管理体制由战前的中央高度集权向战后地方分权的转变，教育管理方面自主权越来越向地方政府转移，各州之间相互约定教育领域的基础原则，相关的教育法令、学校法以及教育事务都归由州政府制定和实施，联邦政府对教育管辖主要集中在一般性的监督和协调方面。《德国基本法》列出规定教育事业的相关条款，作为全国教育事业最重要的法律依据，各州据此制定本州的教育政策，教育部负责管理、监控各项政策的执行情况。德国关于教育事业的法律制定权由各州决定，但大多数州规定父母同时享有教育子女的权利和义务。联邦和各州计划委员会通过划拨教育经费影响各州的教育事务。根据《德国基本法》，行政机关有义务保障公民受教育权的实现，即保障和促进公民权利的实现是行政机关的职能之一。此外，为公民平等受教育权提供司法保护的法律法规是《行政法院法》和《联邦行政程序法》。如果受教育权平等无法满足，个体或家庭可以就法律规范本身、实施侵害行为等问题针对行政机关、公共团体或个人向行政法院起诉，或者实行宪法申诉。每个公民都可以作为申诉主体，平等享有向宪法法院提出申诉的权利，同时个体提出申诉的门槛也相对较低，对提供的申诉材料没有过多要求，只需陈述的申诉理由符合法律规定的格式即可。因为申诉过程简单、内容宽泛、便于操作，申诉成为每位公民保障平等受教育权的重要途径之一。

教育供给平等在两个维度体现：一是平等的上学接受教育的权利，二是国家为保证公民受教育权利的实现提供各种保障。中世纪时期，德国教育具有鲜明的宗教性质，学校由教会创办并为教会服务；中世纪末期，世俗学校开始设立，由市政当局管理，学校经费由学生缴纳的学费维持，同时为了满足人们对初等教育的要求，私立学校开始发展起来，有些地方当局为私立学校的管理制定了专门规章制度。早期受教育权限于贵族和神职人员专享，受教育权的平等性尚未被普通民众熟知或意识到，直至17世纪末，人们的教育意识才逐步增强，文化普及程度也不断提高。目前，德国的教育投入绝大部分依赖公共教育支出，占全部教育投入的3/4左右。公共教育的支出实行联邦、州和地方政府三级拨款制度，份额占比以州政府承担最多（67%），其次为地方政府（21.9%），两者合计占到总支出的九成左右，联邦政府承担剩余的11.1%，基于地方分权的教育管理制度，教育属于各州的“内部事务”由其自主负责。剩余不足1/4的教育投入由企业和非营利性机构如教会、工会、福利组织以及家庭等私人领域承担。

同时，政府和私人领域的教育投入力度又因教育阶段的不同而存在差异。中小学以及高等教育阶段以政府的公共教育投入为主，占全部公共教育投入的90%以上；而学前教育、职业教育以及继续教育阶段的投入以企业、非营利性机构及家庭的投入为主，远远高于其在中小学和高等教育阶段的投入力度。当前德国大部分州实行包括小学4年、初级中学6年、高级中学3年共13年的义务教育制度，也有部分州将初级中学6年改为5年，实行12年义务教育。中小学所需办学经费全部由政府拨款，其中州政府承担75%，市镇政府承担20%，其余由联邦政府出资。非营利且承担与公立学校相同教学任务的私立学校可向国家申请资助，资助标准以相同规模的公立学校为标准，但资助额度一般会略低于公立学校拨款数额。国家资助和实际支出的差额由学生缴纳的学费或社会组织、个体捐款补齐。

（三）英国

1. 保障范围

基本公共教育在英国体现在教育政策（educational policy）上，其特点是兼顾普惠性和补缺性的双重特征，一方面重视满足全体社会公民的基本教育需求；另一方面着重调节特定社会群体的特殊教育需求。

2. 立法保障与制度安排

英国教育政策也是一个动态发展的过程，主要随政党执政理念和主流意识形态的变化而变化，不同阶段教育政策体现出不同的侧重点。早在1870年，英国教育署（Department of Education）提出《初等教育法》（The Elementary Education Act），授权学区学校委员会通过地方立法对5~12岁儿童实施强迫的、收费的义务教育，但同时限制公立初等学校学费上限每周不得超过9便士，为英国推广义务性质的初等教育奠定了法律基础。1880年，英国议会通过《芒德拉法》（Mundella's Act），从国家法律层面确立了民众接受教育的权利，规定5~10岁儿童需接受收费的义务教育。继而1891年英国开始推行补贴制义务教育，按照公立初等学校3~15岁在校儿童的平均值为基准，每年人均可获得10先令教育补助，生均成本高于10先令的学校可向学生收取差额，但低于10先令并已接受了补助的学校禁止再收取学费。这一规定惠及了绝大多数平民子弟，加速了义务教育的推广和普及。

英国议会通过《1918 年教育法》促成的免费义务教育，使得英国从基础层面实现了教育权利平等目标。一方面，该法案将义务教育年限延长至14 年，规定地方教育当局应为本地区 11~14 岁或 16 岁的儿童开设足够多的继续学校（continuation schools），且保证所有公立初等学校和继续学校实现免费教育。之后议会通过《1944 年教育法》，规定公共教育制度由三个逐次递进阶段组成：一是针对 5~11 岁儿童的 7 年初等教育，二是针对11~18 岁青少年的 7 年中等教育，三是后续的继续教育。至此，英国公共教育开始进入体系化阶段，公立中等教育遵循免费原则，《1944 年教育法》实行后，彻底改变了之前进公立中学接受教育是少数人的特权这一属性，成为所有儿童平等接受教育的权利。

（四）瑞典

1. 保障范围

瑞典实行全民覆盖的免费教育体系，教育法规定对所有 7~16 岁儿童实行九年制义务教育。在义务教育入学前，所有孩子在满 6 周岁那年的秋季学期起，都可以上为期一年的学前班，直到他们开始接受义务教育。此外，政府还为 6~13 岁的孩子提供上学前和放学后的校外托管。高中阶段教育为期 3 年，自愿入学。但几乎所有学生在完成义务教育之后都会继续接受高中教育。

2. 立法保障与制度安排

瑞典教育法（The Education Act）提供了瑞典教育服务的基本法律框架，教育服务均等化是教育法遵循的一个最重要的原则，一方面，所有儿童和青年，不分性别、居住地和社会经济条件，都有在国家学校体系中平等受教育的机会，同时还应考虑有特殊需要的学生；另一方面，全国范围内的教育机构不论学校的类型还是所处的地点，都应该提供同等价值（equal value）的教育服务。这就意味着所有学生都有权接受同样标准的教育，无论其所在的地区和所选择的学校。为了实现这一目标，政府规定了全国统一的学前教育、义务教育和高中教育三个层面课程设置，规定所有学生都应该被提供同样的机会必须达到的目标，同时所有义务教育和高中教育阶段的学生都有权利选择他们在公立学校或特许学校就读，即使是私营的特许学校也必须对所有学生都开放。

从供给层面看，瑞典目前采用的是分权化基础教育体系。教育服务总体上是由公共财政出资提供，大多数学校由市级政府运营，教育服务的财政资金由市政府通过地方税收实现，因此，也是由市政府主要负责义务教育、高中教育以及成人教育，决定如何组织、管理和评估当地教育服务。瑞典的学校类型根据资金来源分为公立、私立和特许学校。其中，特许学校开始于 1992 年进行的私立学校改革，由私人运营但接受政府资助。这类特许学校必须获得学校监督委员会的批准，与普通公立学校遵守相同的规定，遵循全国性的课程和教学大纲。截至 2014 年，瑞典有约 17%的义务教育学校和 50%的高中隶属于特许学校，接纳全瑞典近 14%的义务教育阶段生源和 26%的高中生源。除了极少数的私立学校之外，其他学校类型所有阶段的教育都免收学费。

3. 监测体系

瑞典从 1962 年始已经实现了覆盖全民的义务教育体系，这样，仅仅考察义务教育覆盖率已经不能充分反映基本教育服务的均等化水平，由此，该国转而利用更多样的教育指标衡量学校教学质量。在面向地方差异、个人多样性和知识水平方面，瑞典以不同方式通过对学生进行评价和等级评定来监测教育质量和均衡。同时瑞典政府不同部门也会在发布调查报告中涉及相应的内容，2019 年《瑞典 2019 经济调查报告》中涉及与教育相关的部分，提出了一些现阶段教育发展中存在的问题，如在 1998—2016 年由学生社会经济背景所决定的学生成绩差距呈明显上升趋势，且学校环境、教师的素质以及同辈群体等因素对学生成绩的影响也越来越大。相关部门定期或不定期发布报告中涉及的与教育相关的问题，使得瑞典教育的公平性问题能够得到社会的持续性关注。

（五）日本

1. 保障范围

日本教育主要划分为3个阶段：6年小学教育（7~12岁学生）、3年中学教育（13~15岁学生）以及3年高中教育（16~18岁学生）。其中，义务教育阶段是涵盖小学和中学教育阶段的9年，这一阶段的教科书由政府免费发放，由文部科学省负责运送到各个学校。

2. 立法保障与制度安排

1907年，日本启动实施了六年制义务教育制度，时隔40年后的1947年又颁布了《教育基本法》和《学校教育法》，从立法层面将义务教育年限延长至9年；同时，从法律层面规范义务教育施行措施，将帮助有困难的学生享受均等化教育这一目标上升到国家、社会和家庭共同的责任层面，规定了中央和地方政府必须为有能力学习但经济困难的学生提供奖学金的责任，以确保其不会因各种因素导致失学。1954年日本进一步颁发的《偏远地区教育振兴法》，针对交通状况、自然条件、经济发展较差的山区、孤岛等偏远区域的公立小学、中学和中等专科学校，政府负担就学学生的学费和住宿费，并对远距离上学的交通、学校用餐等费用进行补助，同时，中央财政辅助市町村部分项目所需经费的一半。1959年，日本出台《偏远地区教育振兴法施行规则》，详细规定了偏远地区划分方式，根据“基本分”（地理位置、从学校到公共设施距离等）和“附加分”（生活环境；电气供应状况；自然环境恶劣程度）两项指标之和，把偏远地区学校分为1~5个等级，继而作出准偏远地区和特殊偏远地区学校的分类。一系列措施保障并促进了日本义务教育均等化水平提升，到1965年，日本的义务教育入学率就已达到99.8%，学生基本上享受了接受均等化基本公共教育服务的权利。

对于各级政府在基本公共教育服务供给方面的责权利分配方面，日本《学校教育法》也作了详细规定。如，“市町村”一级政府负责设立中小学，并保障所有适龄儿童都有机会接受统一的义务教育；关于教育经费、教学设施和师资配备等具体事项，1952 年重新修订了《义务教育经费国库负担法》，规定在需要的情形下可以采用“平衡交付金”制度，以确保义务教育经费的合理支出，同时还建立了中央财政对地方财政进行援助的制度。国家层面的财政主要负担义务教育的经费，该经费由国家财政（直接出资）和地方财政（转移支付）两部分构成。按照日本教育财政法令的规定，都道府县一级负担地方义务教育学校的教育费用，市町村二级财政承担公立学校的教育费用，由此，日本的义务教育经费实现了三级政府财政共同负担的结构。上述法律法规和实施细则，不仅为全国的中小学推行一致的义务教育奠定了制度基础，也从多方面为义务教育的均衡发展提供了物质保障。

除了从立法和财政角度保障基本公共教育均衡发展之外，日本在公立中小学范围内还建立了师资和管理者定期流动机制，以实现不同学校师资力量和管理水平的基本均衡，进一步促进义务教育的均衡发展。定期流动机制规定，同一名教师在一所学校就职时间不允许超过 5 年，任教期满后须前往其他学校任职。与此同时，中小学管理者也需要进行流动和转换，中小学校长在同一所学校的任期一般为两年。

（六）韩国

1. 保障范围

韩国义务教育的发展战略以“小学优先、初中次之、幼儿再次”以及“农村先、城市后”两个渐进的路径综合发展。其中，政府主要负责农村的义务教育经费，地方政府和私人负担大中城市的教育经费。1954 年，韩国首先对经济发展相对滞后的农村、渔村和岛屿地区实施免费的义务教育；1965 年，韩国政府依据自身的财力状况，在全国范围内推行免费的 6

年义务教育，进而到1985年，韩国又将边远地区的免费义务教育扩展到9年；2002年，随着韩国社会经济发展水平的进一步提升，政府再次扩大义务教育免费的范围，至2004年成功使9年义务教育覆盖了全国。韩国初等教育的基本制度始终如一，并没有随着义务教育的发展进程而发生太多改变，随着经济发展和政府财力增长，结合不同阶段、不同地区的实际需求，支持力度逐步递推，重点向贫困地区倾斜，优先发展贫困地区的教育，逐步推动了韩国基本公共教育的均等化。

2. 立法保障与制度安排

一是通过加强国家对公共教育费用的责任，确保平等的教育机会。为解决地区间社会经济发展不平衡、各地财政状况差异明显等问题，韩国对基础教育资源的分配一直贯彻“侧重支持和保护农村发展、侧重资助基础教育”原则，优先发展偏远地区、优先资助基础教育服务，采取以中央政府为主导、政府财政投资为主的义务教育投入方式，以确保每位公民都享有同等受教育机会和权利，相比而言，职业教育和高等教育则属于家庭人力资本投资的范畴，不在政府支持范畴内。这一制度安排保障了政府对教育投入的重点，使得政府财政资金的投入目标清晰，最大化地促进了基础教育均等化的发展。

二是通过实现起点平等，为弱势群体提供量身定制的教育支持来缩小社会差距。针对地区间教育发展不均衡问题，韩国政府重点就局部地区教育质量不高等问题采取了一系列的措施，其中包括取消中学升学考试（1968年）、实施均衡发展高中教育基本策略（1974年），改善落后地区的办学条件、推行师资力量流转制度等。师资力量流转制度是为了保障学校之间发展水平的均衡化，流转频率通常为4年一个周期，但也会根据每所中小学实际教育质量作相应调整。此外，还对适龄儿童入学采取随机模式，尽量排除人为干扰，促进儿童的受教育机会均等。

（七）中国台湾地区

1. 保障范围

我国台湾地区自1968年将原来的6年义务教育延长至9年免费的义务教育，其中又划分为两个阶段，即前6年针对6~15岁儿童的“国民小学教育”阶段，以及后3年的“国民中学教育”阶段。1979年颁布所谓“国民教育法”进一步确定“九年国民教育”为义务教育。虽然“九年国民教育”中后3年的“国民中学教育”免除学费，且学区内可免考试入学，但由于没有实施强制入学，因此并不属于完全意义上的义务教育。直到1982年台湾当局修订并颁发的所谓“强迫入学条例”，明确要求6~15岁学童强制入学，才从真正意义上进入了全面义务教育阶段。

20世纪80年代我国台湾地区社会经济发展步入快速发展阶段，对人力资本教育水平的要求随之提升，延长义务教育的呼声也日趋高涨，为适应这一变化，我国台湾地区的教育部门就推动和完善义务教育出台了一系列方案和措施。如1983年教育部门提供更多的职业教育机会，为“初中毕业后未满18岁且已就业的青年提供职业补习进修机会”；1989年教育部门论证延长义务教育年限的可行性，1990年、1993年陆续出台了所谓“延长国民教育初期计划——国民中学毕业生自愿就学高级中等学校方案”和“发展与改进国中技艺教育方案——迈向十年国教目标”等规划和方案，并于20世纪90年代实施了推动建立完全中学、试办综合高中实施高、中、职多元入学案等一系列措施，继而从2001年始推动高、中、职小“区化”政策，一系列的举措顺应了教育发展的需求和趋势，为初中毕业生提供了更为全面的选择，使其能够更好地适应不断发展的高级中等教育学习环境。

2001年，台湾当局教育部门根据社会需求再次开展“延伸国民基本受教育年限规划研究”，从理论基础 、管理模式、教学资源以及课程与教育经费需求等多方面对实施十二年义务教育的可行性进行专项研究和评估，并以此为基础建立了“推动十二年国民教育工作圈”（2004年）、成立“十二年国民基本教育工作小组”（2007年），完成了所谓“十二年国民基本教育规划方案”。尽管由于方案在实际操作中存在很多争议，该计划未能落实，但之前倡导的“十二年国民基本教育先导计划”还是在推动教育改革和公平化方面起到了积极的助推效果，大约70%的私立高中职学生通过补助方案受益，64%的辅助学校在高中职优质化辅导方案中受益，近60%的学生在高中职的方案帮助下实现了就近入学，约20%的学生受惠于高中职入学方式调整获得了免试入学机会。这些教育举措都为延长我国台湾地区所谓“国民基本教育”奠定了良好的实践基础。基于此，2011年我国台湾地区再次着手推动所谓“十二年国民基本教育”，将高中阶段纳入义务教育，在入学、教改、收费、辅导等不同方面，针对普通高中和职业教育不同特征，都相应提出了具体的改革和配套措施。于2014年正式实施所谓“十二年国民基本教育”（简称“十二年国教”），标志着我国台湾地区基本公共教育迈向新的阶段。

2. 立法保障与制度安排

所谓“十二年国民基本教育规划方案”（以下简称“规划方案”）中，提出了按需入学、按便利入学原则，并在考虑资源分配、多元参与和适时调整的机制下进行学区划分和学生入学分配，一方面保障学生就学权益、尊重和满足学生特殊需求，另一方面促进各级别学区内的高中职教育资源均衡均质，尽量满足学生和学校双重发展需求。在学区划分方面，以现行的高中职及五年制专科登记入学招生区为基本学区，通过保有已有招生区域基础来减少实施阻力；在保障各学区高中职学校教育资源均衡均质方面，一方面考虑生活机能、便利度、车程等固有因素；另一方面建立学区划分审议机制，进行多元参与和适时调整，避免流于刻板固化的分配；在激励学生就近入学方面，通过提高各校提供邻近初中就近申请入学的比例名额、强化优质高中职辅助计划等措施，为学生就近入学提供更有利的条件。同时，“规划方案”还通过多元入学方式、降低或调整适宜的入学“门槛”、鼓励学校多元化和差别化招生、加强学生求学生涯辅导机制等多重手段并举，帮助学生按照自身个性、兴趣和特征就近选择学校。

二、基本医疗卫生

公共医疗保障体系作为社会福利体制的一部分，是促进社会公平不可或缺的关键因素，也是提升社会幸福指数的基础。国内外现行的公共医疗保障体系大致可分为全民公费医疗制和社会医疗保险制两大类。全民公费医疗制主要以政府财政为支撑，当前施行于以英国为代表的部分高福利国家；社会医疗保险制是以风险分担为原则的互助型保险制度，其基本核心是保险，因此资金主要来源于被保险人，政府财政负担相对较轻，也是目前以美国为代表的、绝大多数经济体广泛采用的公共医疗保障制度。

（一）美国

美国的公共卫生系统被定义为“有助于在辖区内提供基本公共卫生服务的所有公共、私人和自愿实体”，包括州和地方各级公共卫生机构、医疗保健机构、公共安全机构、人类服务和慈善组织、教育和青年发展组织、娱乐与艺术有关的组织、经济和慈善组织、环保机构和组织等。

美国将必须由地方卫生委员会提供的服务定义为“基本公共卫生服务”，是指保护公众健康和地方卫生委员会必须提供的服务①，具体包括三大类：一是传染病和可报告疾病的预防和控制服务，包括疾病监测、病例调查和跟进、暴发调查、流行病的应对以及狂犬病、性传播疾病、疫苗可预防疾病、艾滋病毒/艾滋病、结核病和其他传染病与应报告疾病的预防

① https：//www. archives. gov/research/guide-fed-records/groups/090. html.

和控制。二是社区健康促进服务，包括：评估和报告社区卫生需求以改善健康状况，促进社区伙伴关系；确定社区的优先卫生需求，围绕已确定的优先重点动员社区以及监视社区健康教育服务的进度等。三是环境卫生保护服务，包括：保护社区免受环境健康风险的影响；住房、机构、娱乐设施、污水和废水处理设施的检查；饮用水设施的检查和抽样；以及对疾病暴发或灾难的应对等。

美国政府对公共医疗领域投入巨大，在整个医疗系统开支中，政府承担的开支占到了总数五成左右。为了提高这些资金的使用效率，防止公共医疗开支的非正当使用，更是为了确保接受政府公共医疗服务的公民对政府的服务感到满意，美国政府下属的医疗护理和医疗救助服务中心（Centers for Medicare and Medicaid Services，CMS）组织并开展了一系列针对公共医疗服务体系的绩效评估活动，一方面将定期评估结果向上级政府汇报，作为政府考核相关行政人员的标准和调整公共医疗政策的依据；另一方面同步向社会公布，接受社会各界的监督、质询与建议。除此之外，联邦健康中心（Centers for Disease Control and Prevention－National Center for Health Statistics，CDC）进行健康访问调查（National Health Interview Survey），收集和调查居民健康情况，内容包括居民的健康状况和局限性、卫生保健的利用、健康保险、获得护理、选定的健康状况、中毒和伤害、健康行为、功能/残疾、免疫接种等内容。同时 CDC 还会发布年度领先健康指标（Leading Health Indicators）作为本年度美国健康标准追求的目标。

公共部门指标（Public Sector Indicators，PSI），是很多国家在衡量公共部门情况时普遍使用的指标。以美国为例，其公共部门指标中医疗卫生部门关注的指标有艾滋病发病率、儿童营养不良、避孕套使用、15～49 岁已婚妇女中的避孕药具使用、婴儿健康、产妇保健、使用改善的饮用水源的人口比例、使用改善的卫生设施的人口比例、结核病发病率、结核病死亡率、预防结核病、结核病治疗、未满足的计划生育需求等具体内容。

对于公共卫生体系的运行和监测，不仅局限在国家层面，各地区不同的州也会根据本地具体情况发布一定的健康指标，例如华盛顿州健康部（Washington State Department of Health）官网会定期发布地方健康指标，在实现信息公开透明的同时，也为政策制定提供借鉴参考①。

（二）加拿大

加拿大的医疗保障制度包括公共卫生保健制度、公共医疗救助制度并配合私人商业医疗保险组成，其中最主要的是公共卫生保健制度。基于此法案，加拿大逐渐构建起了现行的医疗卫生保健体系。

公共卫生保健制度（Public Health System，PHS）是加拿大医疗保障体系中最为主要也是最基础的部分，项目资金主要来源于税收所得的财政收入，联邦政府每年通过"健康转移支付（CHT）"项目向所有省和地区分配医疗和卫生公共资金补贴。拨付各省的具体金额并不与地方财政支出挂钩，而是基于全国人均医疗卫生支出。地方政府再将专项资金拨发给各医疗卫生保健机构，居民则从这些机构获得公费医疗保健服务。此外，对于儿童、65岁及以上老人与贫困和残障群体，加拿大政府会提供包括免费医药服务、日常照料、家庭护理、康复服务、牙科眼科、医疗器械等在内的公共医疗服务。

在加拿大，按照服务群体和资金来源可将医院划分为联邦医院、公立医院以及私立医院，并实行较为严格的分级诊疗制度。目前，加拿大推行全国统一标准的"居民基本医疗保险"制度，属于公共保险，所有参加"居民基本医保"的加拿大国民能够获得公费医疗保健服务。该保险根据投保人家庭经济水平提供免费的准入和缴纳不同医保金的准入。公费医疗保障服务涵盖的内容较为清晰，一般包含家庭医生的初级诊疗、专科医生

---

① https：//www. doh. wa. gov/DataandStatisticalReports/DataSystems.

诊疗、门诊、住院、护理、检查以及医保范围内的疫苗等服务，但是除老人、儿童和贫困群体外，其他的如住院期间药物、外带处方药、手术及相关费用、牙科、整形、针灸、私人护理等并不包含在保障范围以内。①

（三）英国

英国负责国民医疗保障的医疗服务机构由政府直接经办，提供由税收负担的、涵盖全体公民的医疗服务。通常做法是政府一方面将财政收入直接用于开办医院、雇佣医生护士；另一方面，政府采用购买服务的方式，购买私人医师的医疗服务、制药公司的药物等，其根本宗旨就是使得全体公民享受几乎免费的医疗服务和药品。

英国医疗卫生服务涉及的服务类别十分丰富，基本上满足了全民对医疗服务的所有需求。除政府供给的国民卫生服务之外，只有极少数按照市场原则运作的私人医生服务，以及护理中心提供的一些医疗服务，另有一些公司和非营利机构提供的类似医务室性质的卫生服务，因其规模较小，补充作用有限。

英国医疗卫生服务体系在结构上包含了三大部分：医院服务、全科医师服务以及社区医疗。其中，医院包括不同规模的综合性或者专科性医院，医院的规模、员工数量及其提供的卫生服务种类最多，是英国医疗卫生服务最重要、最核心的部分，其开支约占全国卫生总开支额的2/3以上；全科医师服务也叫家庭医生，与居民直接联系，为其提供初级医疗保健；社区医疗也是由政府供给，与医院有所差别的是，这项服务主要由地方政府提供，目标是为民众提供大众和个别的公共卫生服务，辅助为个人提供部分医疗服务。

英国的医疗卫生管理网络实行三级服务体系：初级属于社区居民医疗基本保障服务，涵盖预防和治疗小病等基本卫生保健；二级负责提供专科

① 加拿大医疗卫生体制情况介绍（网络文档）. http：//www.360doc.com/content/17/1103/19/16534268_700642779.shtml.

医疗、大病诊疗、急诊及家庭私人保健医师等各项服务，是行政区属的全科诊所；三级负责提供更为专业和优质的医疗服务，一般是具有一定规模的综合性全科医院。医院服务人员包括医师、护士和社会工作者，共同组成医务、护理和管理相结合的医疗卫生专业人员和管理运行团队，其中医师和护士由卫生部负责雇佣，地方政府负责雇佣社会工作者。由于英国执行的是全民公费医疗制度，卫生服务体系为所有公民提供免费卫生服务，管理网络和层级有着严格且清晰的界定，规定除急诊外所有患者均必须先经过社区全科诊所或家庭医生诊所的初级诊疗（购买私人医疗保险的除外），这一管理网络一方面有助于患者在社区层面有效分流，大大提高了基层社区卫生服务的利用率，另一方面增进了综合医院发挥其高端诊疗优势，提升全社会的医疗资源配置效率。

英国之所以能形成如此完备的公共医疗卫生服务和管理体系，得益于其较早地从立法层面构建了完善的制度保障。早在 19 世纪 40 年代至 20 世纪，政府通过立法逐步从中央到地方层面对公共卫生治理进行干预。1848 年，英国议会推出《公共卫生法案》（也称《查德威克法案》，Public Health Act, 1848），这是英国第一部关于公共卫生的法案。以该法案为依据，英国通过成立中央卫生部，将地方卫生改革纳入中央政府管理范畴，在全国层面统一执行卫生标准。1948 年，英国设立国家医疗服务体系，实施全民免费医疗保障体制，至此，全民健康服务正式启动。通过推动医疗机构国有化，医疗卫生服务完成了从社会健康保险制度向全民免费医疗保障服务的转型，医疗卫生服务资金统一管理，各地区卫生部门提出预算，进而在医院和全科医师之间进行分配，实现了所有国民均能享有全面平等的免费医疗服务。此后，新法案和修正条例不断出台，如 2010 年的《公平与卓越：解放国家医疗服务系统白皮书》（Liberating the NHS White Paper）、2011 年的《健康和社会保健法案》（The Health and Social Care Bill）、2012 年的《医疗与社会保健法案》等，不断对国民医疗保障体系进行调整和修正，确保公共医疗卫生服务满足于社会需求。

（四）瑞典

瑞典的卫生医疗服务实现了全民覆盖，费用由税收负担，服务的原则基于公平，重点强调的是机会平等，即对卫生保健服务有更大需求的人并不比对卫生医疗服务需求低的人享有优先权。

《卫生和医疗服务法》（Health and Medical Services Act）是瑞典卫生医疗服务体系的法律基础，法案的目标是“保健和医疗服务旨在平等地确保全体人民的健康水平和医疗保健服务”。负担医疗服务的财政资金由省议会和市政府通过地方税收筹措。个人使用医疗服务要支付有上限的费用，每次看医生需要支付一定的诊费，但在全年累计支付诊费达到规定的上限之后，后续医疗服务可都免费提供。

瑞典医疗服务是分权化的（decentralized）系统，主要由地方政府负责管理和运营。管理上，提供医疗服务是省级议会（county council）的主要职责，由政府管理的医疗服务机构是非营利性的。但从 20 世纪 90 年代开始，公共医疗服务开始更多地由私营机构提供，2010 年的初级卫生保健服务改革允许私营机构提供初级卫生保健服务。

和教育服务类似，由于实行全民覆盖的医疗服务，覆盖率不再是评价瑞典医疗卫生服务的重点。对医疗服务的评价主要集中在可及性和可使用方面，即使在全民覆盖的免费医疗服务的背景下，评价可及性的重要指标还是接受非紧急医疗服务的等待时间，特别是非紧急手术的等待时间；衡量卫生医疗服务使用的常用指标还包括是否回避接受医疗服务和一定时期内接受医疗服务的次数。

（五）日本

日本各级政府特别关注国民健康，在公共卫生保健、传染病预防与控制等方面的投入较多，通过公共财政预算给予各级国立与公立医院、边远地区医疗设施以重点支持。事实上，日本在“二战”前就基本形成了有关公共卫生体系的法律法规和相关制度的基本框架；“二战”以后，经过“确立体制”“快速稳步发展”“完善提高”三个进阶阶段，逐步形成了符合本国国情的公共卫生设施管理体制和政策体系。在第一个“确立体制”阶段，主要以完善法律法规，通过制定包括《传染病预防法》《预防接种法》《结核病预防法和精神病医院法》《检疫法》《公害对策基本法》《医疗法》在内的一系列配套法律法规为后期的“快速稳步发展”和“完善提高”两个阶段发展奠定了坚实的法律和制度基础，有效地保证了分阶段制订公共卫生设施发展计划以及确立建设重点的工作，稳步推进了相应的公共卫生供给体系和设施建设，如20世纪50—70年代筹划并建成覆盖都道府县及市町村的地方保健所和国家、都道府县、市町村三级疾病防疫体系，并于70—80年代陆续建成以各都道府县为单元的定点急救医疗机构、情报系统以及医护人员培训相关配套设施，逐步完善了三级急救医疗体系。

日本通过实行财政融资制度来保障财政资金供给，以加快推进公共卫生基础设施建设。具体做法是：从审批程序看，先由厚生省依据当年医疗卫生部门发展需求，核算每年所需财政投融资规模，提交财务省审核、议定后经国会通过后下达；从经费下达后的施用程序看，经费由厚生省统筹，按项目性质归类，分别委托特殊法人组织及相关的国立医院等机构或单位负责经营和项目实施，并根据实施范围和承担工作进行经费分配。这种经费筹集和使用安排一方面很大程度上缓解了政府在公共卫生基础设施建设投入上的财政压力，另一方面又能全面掌握、计划并监督政府在公共卫生设施建设和运行投入的资金使用规范和效率。

政府在推进公共医疗卫生发展的同时，还十分重视民间医疗卫生事业的发展，通过制定的一系列相关政策，促进民间医疗机构的发展，一方面弥补了财政资金不足的问题，另一方面也有效缓解了供给均衡方面的矛盾。一是为解决偏远地区公共卫生医疗服务供给不足问题，改善农村地区医疗卫生条件，政府一方面通过提供专项资金用于鼓励民间社会资本进入农村及偏远地区发展当地的医疗卫生事业，另一方面成立特殊法人组织医疗金融公库，通过提供低息贷款支持民间医疗机构在农村和偏远地区发展；二是将市场竞争机制引入医疗服务体系中，鼓励民间力量参与医疗卫生基础设施建设，以提升公立医疗机构资源配置和使用效率；三是未雨绸缪，为了应对老龄化社会，针对老年人公共卫生服务供给不足问题，日本于2000年正式实施《护理保险法》，要求年满40周岁的公民均必须参加护理保险，以便在需要时获得充分的护理。

截至20世纪末期，日本建立了全覆盖的基本公共卫生服务保障体系，其中包括针对农村地区的全覆盖。为了进一步发展农村及偏远地区的医疗保险事业，都道府县政府机构经由日本政府授权制订了包括设定医疗服务区域、病床数、医务人员等详细信息的社区医疗计划，同时对医疗法人进行严格监督和管理，明确界定其经营范围，定期进行资格审查和认定，以保障相应的服务质量。此外，日本通过建立"自治医科大学"，规定毕业生须到农村地区服务9年，其中偏远地区服务5年，以解决偏远地区尤其是山区基本公共卫生服务和医护资源供给严重不足等问题。这些措施有效地缓解了农村基本公共卫生服务匮乏问题。

（六）韩国

韩国的医疗卫生政策的演变与形成，大致经历了国家主导型医疗政策阶段（1910—1945年）、自由放任型医疗政策阶段（1945—1977年）以及市场管理型医疗政策阶段（1977年至今）三个阶段。总体来看，韩国的基础医疗保障重点追求供给均衡目标，一方面通过重组健康保险费的征收制度，减轻平民百姓的负担，减轻低收入家庭的医疗费用负担，考虑收入水平并设定个人支出上限，从而提高公共卫生供给的公平性和涵盖范围；另一方面通过扩大公共医疗机构，加强以社区为中心的医疗系统，弥合区域之间医疗服务的差距。

韩国现行的市场管理型医疗系统主要表现为以政府管理、私营为主，由综合医院、医院、诊所及产院组成，其中85%是私立性质。政府主要行使对医疗系统的管理责任，如制订区域医疗卫生发展和建设规划、审批医院建设方案、制定各类医院的资源配置下限标准、认定从业人员资格、对医院内部进行间接管理等。

韩国预防保健机构由卫生中心（县级）、准卫生中心（乡级）和初级卫生保健站（社区）三级网络组成。这些机构的工作重心是针对包括普通门诊、计划生育、妇幼卫生、健康教育、结核病防治等在内的预防保健。卫生中心的费用支出主要由政府拨款资助，门诊病付费比例相对较低。卫生中心对医院的医疗服务进行有效补充，如韩国公民可以自由选择预防保健服务，在接受计划免疫时如果在卫生中心层面可得到免费服务，但如果去医院接受相应的服务则需要付费。政府针对卫生保健筹资总额的补贴占比较少，约占卫生总费用的10%，20世纪80年代以来政府逐步增加了一些补贴项目，主要集中用于两个方面：一是补贴低收入者的“医疗补助计划”和城乡个体户的“国民医疗保险计划”；二是用于公共卫生活动及管理、相关的教育和科研以及医疗机构的建设和设备的购置。

（七）中国香港特别行政区

香港特别行政区政府将“公平使用公共资源，不会有市民因经济原因而得不到适当医疗照顾”作为制定香港地区医疗卫生政策的基本理念，特别关注发展的均衡性、供给的平等性，通过科学合理管理，具有较好的低投入高产出特征。2015—2016年度香港财政预算中，卫生预算（706亿港元）占到政府总开支的16%，仅次于教育和基础建设；约占GDP的5.5%，远低于全球平均水平8.6%及高收入国家水平11.6%[①]。尽管如此，

---

① http：//shh.sinoins.com/2016-09/21/content_208749.htm.

香港特别行政区 2015 年男性和女性平均寿命分别为 81.24 岁和 87.32 岁，是全球平均寿命最高的地区，同时也是婴儿和产妇死亡率全球最低的地区之一，这都从一个侧面印证了其高效的医疗水平及其保障制度。

香港高效的医疗保障制度取决于其合理的管理体制，将决策和执行部门有效分离，香港卫生署负责医疗保障管理决策，另有医院管理局具体执行管理，形成了相互制约、相辅相成的管理运行和监督体系（见图 2-1）。

香港的医疗服务体系属于“政府为主、市场为辅”的“二元医疗体系”，由公立和私立医疗系统组成了“双层”医疗架构。2012—2013 年度，香港总医疗开支 1121.44 亿港元，其中政府和私人支出平分秋色，分别占到 47.58%和 52.42%[①]。其中公立医疗服务费用中九成以上支出由政府财政负担。

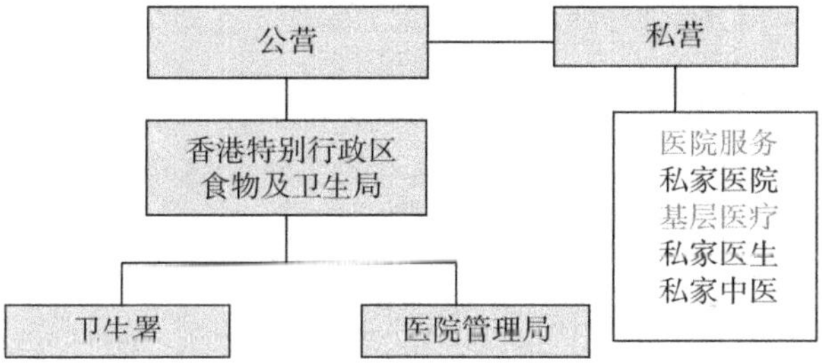

图 2-1　香港的医疗体系架构

（八）中国澳门特别行政区

近 30 年来澳门特别行政区建成了以卫生中心为单元的初级卫生保健网络系统，实现全体澳门居民可以在居所就近享有免费或可负担的初级卫生保健服务。澳门卫生中心向个人和家庭提供初步诊疗分诊、个人卫生护理及基本药物供给、疫苗接种、计划和开展卫生教育、促进和监察健康情况等一系列基本卫生保健服务。

① http：//shh.sinoins.com/2016-09/21/content_ 208749.htm.

澳门特别行政区政府以“妥善医疗、预防优先”为基本医护政策，通过提升市民综合生活素质，优化本土医疗系统，提升医疗服务质量，从全方位保障市民的健康。澳门地区由政府、非营利和私营医疗机构三方组成基本医疗服务架构，为市民提供医疗保障，且这三类医疗机构都可以获得政府提供的医疗保障福利。

从数量看，澳门公立医疗服务体量不大，现有 3 间医院和 1 间日间医院、486 间初级卫生护理场所，其中私家诊所共有 379 间，占总数的 78%①。另外，澳门还有 243 间提供中医治疗和服务的场所。从医疗费用负担看，尽管澳门私营机构的数量和规模要比公营机构大得多，但是澳门公营医疗体系在服务费用上的负担程度更大，覆盖范围更广。澳门特别行政区免费医疗的覆盖面相较于香港特别行政区更广，更具有“全民保健服务模式”特征；从资金供给模式看，澳门的医疗保健服务融资模式采用政府税收为主导，以集体支付的方式为主要部分；从服务范畴看，政府负责提供初级卫生保健和医院医疗服务两类医疗服务。初级卫生保健，包括产前保健、家庭计划、急诊服务、疫苗接种等各类服务，由社区卫生中心负责免费供给。医疗服务则由医院专科负责提供，所有居民可享有 30% 的医疗费用减免。

（九）中国台湾地区

台湾当局于 1993 年正式建立了“全民健康保险制度”，由“行政院卫生署”协调管理，下设“中央健康保险局”作为承担整个健保体系的具体运作。目前，我国台湾地区实施的“全民健康保险”属于强制性社会保险，遵循“全民纳保、就医权益平等”原则，以保证每个民众在患病、受伤或者生育时，均可获得公平、充分、及时的医疗服务。保险体系按照职业种类和所属单位，将被保险人划分为六个大类，根据每类职业和单位特

① 澳门特别行政区政府新闻局，2012.

征区分相应的投保金额、保险费负担比率，保险费的计算方式也有所不同，六大类被保险人几乎能够涵盖我国台湾地区的全部职业，因此“全民健康保险”相应地覆盖了我国台湾地区所有居民。

台湾地区一方面通过不断明确“全民健保”的功能定位，根据社会经济发展不同阶段不断地调整、完善“全民健康保险制度”设计，另一方面根据需要不断发展商业健康保险，逐步形成了以“全民健康保险制度”为核心、以商业健康保险为补充，相对完整的社会医疗保障体系。从医疗费用总体支出、全民基金的健保保费收入和商业健康保险的保费总收入三个方面可以观察我国台湾地区的社会医疗保健完整作用。1995—2014 年的 20 年间，台湾地区商业健康保险的保费收入由 196 亿台元快速增长到 3065 亿台元，年均增幅 14.74%；商业健康保险保费收入占社会医疗保健支出的比重也从 5.16%增加到 30.79%，增长了近 26 个百分点；截至 2014 年，台湾地区总的商业健康保险保费收入占“全民健保”基金保费收入的 56.23%，二者合计覆盖到了社会医疗保健总支出的 85.54%。相应地，居民自付支出的医疗费用不断下降，在保障水平既定前提下，商业健康保险很大程度上有效地分担了居民医疗费用，对“全民健康保险”的补充作用十分显著。

三、基本社会保险

（一）美国

美国的社会保险包括联邦老年、鳏寡和残障保险计划，失业保险，医疗保险，伤残保险和儿童健康保险五大类。其中：

第一类联邦老年、鳏寡和残障保险计划（OASDI）是美国社会保障的正式名称，由美国联邦社会保障管理局（the Social Security Administration，SSA）运营。该计划为退休人员和残疾人以及他们的配偶、子女提供福利，保障目标是部分弥补因年老、配偶或有资格的前配偶死亡、残疾而损失的收入；第二类失业保险（Employment Insurance，EI）属于强制性质的缴费保险，规定有工资收入的雇员必须参加。这一保险由联邦劳工部、各州劳工局和就业局管理。失业救济金针对失业人群发放，原则上补助时间不超过39个星期，由既定的公式计算失业金发放金额，大致为工资的一半左右，一般每周不超过100美元。此外，患病1年以上还可申领伤残福利金；第三类医疗保险（Medicaid）中有一项医疗补助项目，为低收入家庭的儿童、孕妇、老年人、有年幼子女的父母、残障人士等无力支付医疗费用的群体提供免费医疗保障。医疗补助的经费主要来自各州政府，联邦政府通过联邦医保和医助服务中心（CMS）进行补充。各州政府在联邦政府指导下，制定本州医疗补助保险救助条件和计划并予以执行，如申请救助的资格标准与审核、医疗救助涵盖的服务范围、费用报销水平等。总体上看，美国各州的医疗保险保障较为全面，涵盖了医院诊疗、医生门诊、化验检查、母婴保健、预防、家庭护理等各类大众必需的医疗服务范围。但各州的医疗保障水平和覆盖人群不尽相同，不同人群的管理部门有所差别。如社会保障署负责65岁以上老人的医疗保险管理，劳工部负责管理公务人员因工伤残方面的医疗保险，而蓝十字、蓝盾两个半官方性质的保险公司承担企业人员的医疗保险。蓝十字和蓝盾的保险属自愿性质，由于费用较高、控力不足，很多企业的医疗保险实际已转由人寿保险公司来承担；第四类伤残保险（State Disability Insurance）：残障保险计划指的是当某人因为健康状况而变成残障时，在某一段有限的时间内（通常在6个月内）为其提供收入补偿的保险计划或福利计划。在典型的短期残障福利中，申请人必须证明他们无法从事他们平常的工作或类似的工作。不同群体的工伤保险也是由不同层面的政府部门负责管理，如联邦政府劳工部负责政府公务人员的工伤保险，而企业人员的工伤保险则由各州的劳工部门负责管理，伤残抚恤由联邦的社会保障署管理；第五类儿童健康保险（State Children Health Insurance Program）始于1997年，是针对低收入家庭儿童实行的健康保险，部分州同时也包含了对成年人的保障，各州对收入水平的控制标准有所差异，补助资金来源于美国联邦政府和州政府，由各州政府制定具体政策并予以实施和管理。

（二）加拿大

加拿大的社会补贴主要包括就业保险、公共养老金和住房、教育培训、家庭看护、残疾人保障五类[①]。其中：第一类就业保险（Employment Insurance）属于强制性质的保险制度，同其他大多数国家一样，只要受雇并有工资收入必须参加这项保险。就业保险可为个人、家庭提供福利和假期，诸如定期福利、疾病福利、生育和育儿福利、陪产假和休假福利、自雇福利、加拿大人在国外居住的福利、渔业福利等。如果雇员因其身体原因辞职，可申请领取特别失业保险金（Special Benefits）；如果雇员非自身原因被辞退，可申领普通失业保险金（Regular Benefits），标准约为其工资的55%、每周不超过413加元；家庭年收入低于25921加元的申请人如果有孩子抚养，可额外申请国家儿童税收补助（the Canada Child Tax Benefits，CCTB），普通失业保险和国家儿童税收补助两项合计可使申请人得到约为原工资55%的补助。长期失业者可申领社会福利金（Social Welfare），单身人士每月可获得500~700加元不等的生活补助，三口之家的补助为1100~1300加元不等。社会福利金没有特别规定申领期限，那些一直没有工作且生活始终处于低水平的人口可无限期领用。第二类公共养老金（Public Pensions，PP）是加拿大专门为老人设立的社会福利，由联邦政府财政和一般性税收支持，适龄老人可根据不同的条件分别选择申请退休金（Canada Pension Plan Retirement Pension，CPP）、老人保障金（Old Age Security，OAS）、保证收入补助金（Guaranteed Income Supplement，GIS）、配

① https://www.canada.ca/en.html.

偶津贴（Spouse's Allowance，SPA）、鳏寡津贴（Widowed Spouse's Allowance，WSA）等，此外各省针对老人还有额外的援助计划（Provincial Top-ups）。个体在工作期间曾经参加过“加拿大退休计划”（Canadian Pension Plan），可在65岁退休时或在60~65岁部分或全部停止工作，都可申领退休金，退休金的数额根据供款金额、期限以及供款人的退休年龄予以计算。老年保障金源于1927年颁布的《老年养老金法》、1951年出台的《老年保障法》及《老年人救助法》。老年保障金面向对象比较广泛，针对加拿大所有公民及合法居民，包括18岁以后在境内住满10年、年龄在65岁以上的群体，即使从未工作过，也可领取。第三类学生与教育援助（Student Aid and Education Planning）主要包括奖学金、助学金、学生贷款，以及服役人员、运动员等特殊群体的福利和援助等。[①] 第四类家庭和抚养津贴（Family and Care Giving Benefits）是抚养包括残疾儿童在内的儿童的保障，诸如产假和育儿津贴、照顾福利和假期、儿童福利、为犯罪受害的小孩的父母提供补贴、儿童残疾津贴等。第五类残障补贴（Disability Benefits）是为残障人士及其家庭提供全方位服务和资金的补贴，涵盖面很广泛，包括诸如为抚养残疾儿童的家庭提供免税计划的儿童残障补贴（Child Disability Benefit）、为因残障而退休的人提供的加拿大退休金计划伤残津贴（Canada Pension Plan Disability Benefits）、加拿大退休金计划儿童补贴（Canada Pension Plan Children's Benefits）、加拿大残疾人储蓄补助金和债券（Canada Disability Savings Grant and Bond）、退伍军人的残障福利（Disability Benefits for Veterans）、残疾人教育经费（Education Funding for People with Disabilities）、联邦消费汽油退税计划（Federal Excise Gasoline Tax Refund Program）等。

（三）德国

德国是世界上最早建立社会医疗保障体制的国家。19世纪80年代，

---

① https：//wenku. baidu. com/view/f898f3d13186bceb19e8bb60. html.

俾斯麦政府颁布工伤疾病养老等社会保险法律，确立了互助共济责任分担机制，由此逐步形成了以社会保险制度为核心的现代社会保障制度，并随着长期的发展和积累，成为当今国际上医疗保障和医疗服务制度最为完善的国家之一，是一个颇为成功的公共服务体系发展案例。全民覆盖是德国社会保障体系的总体目标，社会保险、社会补偿、社会救济和社会福利四个方面构成了德国社会保障体系框架，其中社会保险为核心主体，其主要内容又包括了医疗、养老、失业等，并以事故和护理保险为辅助。

德国早在19世纪末就建立了世界上最早的医疗保障制度——法定强制性医疗保险体系（Statutory Health Insurance），经过百余年的发展，逐渐演变为以法定医疗保险为主、私人医疗保险为辅的社会医疗保险体系。2009年，德国强制实行全民医疗保险政策，公民需在法定医疗保险或者私人医疗保险二者中选择其中一项参保，基于此，德国实现了98.5%的医疗参保率，法定和私人医疗保险覆盖率分别达到总人口的88%和10.5%。

德国社会医疗保险运行机制采取政府与社会治理相结合的方法，政府不仅负责相关政策的执行和监督管理，同时还直接经办疾病基金。医疗保险费用的筹集者与管理者为100多家独立运行的地区和联邦层面的疾病基金，居民可以向不同的疾病基金缴纳医疗保险费，疾病基金通过与医师协会进行平等公开的博弈协商、作为第三方进行购买服务。法定医疗保险的筹资主要来源于雇主和雇员，以参保者工资的一定比例分担缴费形成，政府承担非就业家庭成员的缴费补助。所有收缴的保费统一归集于联邦疾病基金，再由基金会根据各个地区疾病风险结构计算、支付相应保费。围绕减少政府财政支出、强化医疗服务提供者的竞争、提高医疗服务质量与效率、减少医疗服务的不平等性等目标，德国进行了多次医疗改革，在减少法定医保基金赤字、医疗保险费率等方面有了一定改进。

家庭保障服务的对象是德国公民和持有永久居住权者，服务内容包括孕妇及生育补贴、家庭补贴和最低生活保障等项目。孕妇及生育补贴保障对象是育龄妇女，帮助其在怀孕及哺乳期内全方位享受法律保护，免除被解雇的后顾之忧，能够持续领取工资，包括产前6周和产后8周休假期间领取原工资67%的生育补贴；家庭补贴是政府针对有孩子的家庭每月发放的儿童补贴和育儿补贴；最低生活保障的对象是收入不足以支撑基本生活的贫困个人或家庭。

除基本社会医疗保障之外，医疗保险和护理保险制度由各法定的、具有公法性质的医疗保险所提供，在“风险结构均衡”机制框架下具有一定的职业特征和地域特征，参保人的风险结构存在显著差异。2006年之前，医疗保险公司通过根据自身财政状况在一定区间内调节保费、在医疗保险公司之间进行资金调剂两条途径实现风险结构均衡；2009年医疗保险改革之后，参保人和雇主直接将医疗保险的保费上缴给联邦层面的“健康保险基金”，由联邦层面的经办机构根据各保险公司的风险结构将基金返还给各医疗保险公司，后者根据财政状况可征收少量“额外参保费”，实现了全国医疗保险的风险均衡。如前所述，由于德国法定医疗保险覆盖的人口数量达到98%以上，且依据德国法律，只要雇员加入法定医疗保险，依赖雇员赡养的人口则默认同时加入，因此，德国实际上基本实现了医疗保险和护理保险的社会全覆盖，这为有效地降低中低收入家庭负担、保障低收入家庭老年人、病残者等群体享有基本的护理权利奠定了很好的社会基础，从一个侧面体现了社会公平。

在社会保险方面，德国在保持法团主义的基本框架下实现均等化，保证优势社会团体内部的待遇给付不变，同时满足弱势群体的利益。在联邦层面设立一个跨行业的总体性社会保险机构，以保证在不同行业、职业之间维持均等。医疗保险方面，2009年医疗保险改革之后，在各法定医疗保险公司之上成立联邦层面的“健康保险基金”，参保人和雇主直接将医疗保险的保费上缴给“健康保险基金”，由联邦层面的经办机构根据各保险公司的风险结构将基金返还给各医疗保险公司，后者根据财政状况征收少量“额外参保费”，消除医疗保险领域的职业和地域差异，实现了全国医疗保险的风险均衡。

德国联邦政府施行的养老保险也是一类强制险种，法律规定所有的雇员、企业、团体必须定期投保，在职职工须按月缴纳规定的养老保险费用，退休后可按月领取相应的养老金。德国的养老保险最早可追溯到19世纪末，部分企业为鼓励员工安心工作，实行了养老金制度，但如果职工一旦辞职将无法享受这一福利。后来随着社会保障体系的发展，养老金逐步演变成为企业对员工的一类长远的保障。1974年，法律规定凡35岁以上，参加本企业养老保险10年及以上的员工即使辞职，退休后仍可领取这家企业养老金。这项福利的费用完全由企业负担，企业养老金为净工资的4%左右，但因企业不同而有所不同。目前，德国养老保险体系自动覆盖了所有参加工作的公民，已退休老人只要满足最低35年的缴费年限即可领取养老金。同时，养老金的领取还可以实行弹性机制，在法定退休和缴纳年限的基础上，如果提前或推迟领取，养老金金额会按一定比例降低或增加。以2015年标准为例，如果参保者不到法定退休年龄但由于特殊原因申请提前领取养老金，每提前一个月养老金金额降低0.3%；反之，如果参保者超过退休年龄，每延后一个月养老金会增加0.5%。与医疗保险构成相似，德国的公共养老体系也是由私人和公共部门两部分构成。其中，私人部门中，82%的受雇人口为公共养老体系所覆盖；公共部门中，公共养老体系覆盖了全部公务员（约占7%）；另有约占全劳动力9%的自我雇佣者，可灵活选择公共养老体系或进行自我保险。尽管德国养老保险体系走在世界前列，但仍不可避免面临一些共性问题。如不同行业、不同职业的人员参加不同的养老保险，且具有显著地域差异；养老保险的组织和经办机构是各州的养老保险机构，根据各州人口结构及其社会经济条件的不同，各州养老保险缴费人口和受益人口的比例差异较大。人口老龄化程度较深、青年人口流失严重的地区面临的养老难题和养老资金压力更为突出，而在经济高度发展、就业率高、年轻人口比重较高的地区，养老缴费结构相对更为有利。

德国失业保险实行失业金和失业救助金两大保障体系，一方面可以保障居民失业后维持基本生活需求，另一方面对劳动力市场进行调节，促进失业居民再就业。失业金也是强制缴纳的险种，缴纳比例为雇员工资的3%，雇员和雇主各承担50%，当缴纳金额不足以支付时，政府财政予以补贴；失业金领取期限和比例根据缴费期和年龄而定，满足相关条件的失业者，在失业后的6~24个月内领取原工资67%的失业金，且失业期间的医疗保险和养老保险由劳动局承担。相应地，失业者需及时并如实反馈其职业状态，接受劳动局提供新的工作岗位。此外，为了保障不满足领取失业金资格或者超过领取时限的失业者食物、衣物、住房等基本生活需求，政府为其提供失业救助金。

另外，德国政府通过颁布《社会保险法》《工厂法》等法律，规定用工单位在为劳动者缴纳工伤、疾病等保险基础上，还建立了失业保险组织，几乎涵盖了每个公民的生老病死、失业、退休等各个方面，使得社会保障制度不断完善。

（四）英国

区别于其他国家常用的社会保险概念，英国及英联邦的一些国家使用国民保险这一概念。所谓国民保险基于两个根本性原则：一是国家高度干预原则，由中央政府设立年金和国民保险部，社会保障部负责管理，直接经办社会保险，即国民保险；二是一致性原则，即不论行业还是地方区域，都服从于一个统一的制度，具有高度的统一性。

英国国民保险基金采取现收现付办法，每年的收支大体平衡，来源分三个部分，即雇员缴费、雇主缴费和政府财政补贴。政府财政每年都为下一年的拨款作出预算，提供经常性的财政补贴，对国民保险承担弥补赤字的责任。

基于一致性原则，缴费方式按照投保人工作性质大致分为三类：第一类属于单位雇员，缴费金额由雇主和雇员按雇员收入的一定比例共同承担；第二类属于自我雇佣者，可在固定缴纳数额或根据年利润缴纳一定比例两种缴纳方式中二者选其一；第三类属于非从业劳动年龄人口，采取固定缴纳数额方式，缴费比例低于第二类自我雇佣者，但享受的保险范围只限于养老金等几个基本保障项目。三类投保类型中，前两项缴费方式，即单位雇员和自我雇佣者均为强制性缴费，即这两类人群必须购买国民保险，而第三类非从业劳动年龄人口自愿选择参加与否，不作强制要求。

从缴费征收办法看，不同类型人群的征收部门也有所差异。其中，第二类自我雇佣者和第三类非从业劳动年龄人口所缴纳的固定数额缴费由社会保障部门直接收取，而第二类自我雇佣者依据利润缴费，由税务部门征收，第一类单位雇员的缴费也由税务部门代收。在一些特殊情况下，例如生病、失业、安排培训、在家照顾残疾人等情况，或者60岁以上者，也不需要缴费。除了非从业人员的自愿保险外，其他缴费都属于强制缴纳，未履行义务将被追究刑事责任，或者通过民事程序解决，予以补缴。

英国的国民保险共包含养老金、失业待遇、疾病待遇、生育待遇、残疾待遇、遗孀待遇、子女特别津贴、死亡丧葬费、监护人津贴、圣诞节红包和工伤11项待遇，大致归为五类群体：一是老年人群体；二是失业人群；三是暂时失去劳动能力的群体；四是永久性失去部分劳动能力或完全失去劳动能力的人群；五是丧葬费用及遗属待遇。这里重点介绍养老和失业两项待遇。

——养老待遇：1959年英国重新修订国民保险法，对养老进行了较大的改革，在待遇计发上，引进了收入关联制度，根据缴费者的收入记录，计算将来的养老金，即参照工资记录计发待遇，缴费贡献多的员工将来退休时可以得到较多的养老金，体现个人权利与义务的对等。在覆盖范围上，英国的养老待遇不仅支付给受保人，还支付给受其赡养的人，在这一意义上，受保人长期未工作的妻子，也可以得到生活保障，得到养老金福利的覆盖。此外，英国还设有高龄老人养老金，规定年满80岁者，无论其是否受保，都可以领取。

——失业待遇：英国对失业的干预始于1911年的失业保险法。在管理体制上，1917年开始由劳工部负责，1945年失业保险的部分业务转让给社会保障，形成两个部门分段分工管理的办法。社会保障部负责缴费征收，并将受保情况进行登记、保管；劳动部负责接受失业者申请、审核，确定失业标准并发放待遇，此外还负责对失业者提供各种培训。英国的失业金发放额度不高，约相当于雇员工资的1/4。但国家会有针对性地根据失业者及其家庭实际情况调整失业援助，以便使失业待遇更能适应失业者的实际需要。如果家庭其他成年人有工作，失业金仅够本人基本生活；而如果失业者家中还有其他未工作的成年人时，失业待遇将满足其基本生活的需要。

（五）瑞典

瑞典的社会保障体系内容涉及面十分全面且细致，目标是针对全体国民实行普遍、全面的福利保障。归结起来，所保障的内容大致分为公共保障、集体协议保险和私人协议保险3个层面。其中，公共保障是社会保障体系中的最根本的内容，而后两项是对前者的补充。由于社会保障体系内容繁杂，这里选取家庭和儿童保障、失业保障以及养老保障3个重要的问题予以简略介绍。

1. 家庭和儿童保障

针对家庭和儿童的保障初衷是为了使有子女家庭与无子女家庭的生活条件基本相当，帮助有子女家庭的父母亲可以更好地平衡工作与家庭责任和义务。为了更好地帮助经济条件较差的家庭，使孩子得到相对较好的生活条件和适当的照顾，政府还有对这类家庭额外的特别资助，如双亲保险、儿童补贴、抚养补贴和住房补贴等。此外，如果双亲都在就业或就学，6 岁以下的子女可送入托管中心接受照看。

2. 失业保障

当劳动力遭遇患病、工伤、残疾或失业时，保障体系分别通过疾病保险、工伤保险、残疾补贴以及失业保险，根据收入损失对其进行补助。其中失业保险又分为基本保险和自愿保险两部分，前者由国家税收支持，属于基本保险范畴，而后者来自失业保险基金会会员的会费收入，与收入损失密切相关。获得失业保险基金会会员资格需要一定的门槛条件，与工时和工作经历有关，目前全瑞典大约 90%的雇员都加入了失业保险基金成为会员，失业后可以获得相当于原日工资 80%的金额补偿。无资格领取自愿保险的失业者将适用于基本保险，政府按统一的补贴数额予以补偿。

3. 养老保障

目前，瑞典实施的养老金制度是经 1998 年改革后确定的终身收入原则下的养老金制度，简而言之，就是以个人终身收入为基础计算养老金，包括个人收入养老金、基金养老金和担保养老金三大部分。养老金的计算基于两个部分：一是雇员的工资、社会保险、失业保险三个部分收入之和的 7%；二是雇主替雇员缴纳其工资的 10.21%，抵扣雇员工资中 7%的收入额为基础计算的养老金缴款率的 18.5%。某些情况下，政府会向养老金体系拨付部分资金，在 18.5%的养老金缴款率中，有 16 个百分点进入个人收入养老金体系，其余的 2.5%存入个人养老基金体系（又称基金养老金）。由于瑞典基本实现了全民覆盖的养老保险服务体系，因此对养老金水平的评价比覆盖率更能全面反映养老服务的均等化。在终身收入原则下，瑞典的养老金制度将个人的养老金水平与此前作为劳动力参与市场的收入有效衔接，其养老金仍然是退休前劳动力市场工资水平的一个反映，个体之间养老金的支付水平不均衡实际上反映了个体退休前在劳动力市场的表现和收入水平，也是个体收入差异的持续体现，这一政策打破了传统养老金无差异化的模式，一定程度上体现了能者多劳、贡献多收入多的基本原则。

（六）日本和韩国

日本和韩国的社会保险大致相类似，这里一起进行分析。两国的社会保险都包括基本医疗保险、养老保险两部分。

基本医疗保险方面，日本实行“强制社会保险型”的全民医疗保障制度。日本1922年颁布实施了第一部医疗保险法《雇员医疗保险法案》，继而在1959年又颁布了《国民健康保险法》，强制全国所有没有稳定职业和收入的农民、个体经营人员在1961年4月以前必须参保，构成包含“雇员健康保险”和“国民健康保险”两部分的城乡一体化保险体系。前者是针对雇员的医疗保障，后者则属于针对所有国民的强制性、最基本的社会医疗保障，也是日本农民医疗保障的兜底部分。经过50余年的发展，截至2018年日本基本实现了百分之百的参保率。

韩国的医疗保险根据区域和群体大体划分为地区医疗保险、单位医疗保险和针对特定职业的医疗保险三大类。其中，地区医疗保险的一个重要的目标是促进城乡医疗服务均衡发展，为此，地区医疗保险进一步细分为城市和农村两类地区的医疗保险。考虑到从农村流转进入城市的人口需求，其医疗保险实行单位医疗保险和地区医疗保险相结合原则，对于有工作的人群，其医疗保险自己负担50%，雇主承担另外的50%；对于没有稳定工作的临时工或无业人口，可以自行决定选择参加农村或城市地区医疗保险，政府会给予低收入群体一定的财政补贴。

养老保障方面，日本自第二次世界大战后不断扩大社会保障范围，从之前仅仅针对大企业雇员和政府雇员的社会养老保险制度覆盖人群扩展到中小企业劳动者和农民群体，1961年基本完成了城乡一体化的养老保险体系建设，形成了较为健全的全民养老保险制度，至此，在国家救助、公共卫生和社会福利待遇等方面，实现了城乡均衡目标。如：参保人员无论城乡居民，达到65周岁法定年龄均可领取“基础年金”用以保障生活开支；参保年限达到40年的人员，其配偶也可享受一定额度的年金；农村老年人与城市老年人一样，可以享受到常规的老人医疗服务、访问看护和保健设施等。

韩国的公共养老保障制度体系主要由公共年金制度（社会保险性质）和养老保障制度（隶属社会福利服务范畴）两部分构成。其中公共年金又包含了公务员、军人、私立学校教职员以及国民四个群体年金。韩国福利部设立国家养老基金管理委员会，通过加强基金投资管理的决策过程、投资明细和资产明细披露，来提高基金管理治理体系的创新性和透明度，使国家养老基金得以合理、持续滚动增值①。

（七）中国香港和澳门特别行政区

香港地区的社会保障体系主要由综合社会保障援助计划、公共福利金计划、暴力及执法伤亡赔偿计划、交通意外伤亡援助计划和紧急救济五个方面构成。综合社会保障援助计划（简称综援计划），主要针对贫困人群提供援助，满足其生活的基本需求。综援计划是香港社会保障制度的主体，由政府提供资金，以援助金、特别津贴和补助金三个不同层次予以发放；公共福利金计划的主要扶助对象是残疾或老年群体，包括普通伤残津贴、高额伤残津贴、普通高龄津贴及高额高龄津贴等内容，为身患严重残疾或年龄在65岁及以上的香港居民每月提供现金津贴。公共福利金计划除普通高龄津贴外，其他三项津贴不需要申请人接受经济状况审查即可发放；交通意外伤亡援助计划可为受到交通意外伤害的居民及其亲属迅速提供经济援助，没有针对受惠人经济状况的核查，只针对受害人的伤亡情况赔付。

我国澳门地区社会保障制度按照“双层式社会保障制度”理念构建，社会保障体系主要基于社会保障基金和社会援助两个部分组成。这两部分

---

① http：//www. moel. go. kr/index. do.

的管理和发放工作分别由特区政府下辖的社会保障基金行政管理委员会和社会工作局两个部门负责。前者社会保障基金涵盖内容几乎涉及澳门居民“生老病死”的各个方面，主要包括养老、残疾抚恤、疾病津贴、失业津贴、丧葬津贴、出生、结婚、硅肺病赔偿以及因工作引起的债权 9 个大类。值得一提的是 2011 年颁布的《社会保障制度》通过改革供款制度，将过去没有加入社会保障体系中的居民纳入保障体系中，同时通过补扣供款等一系列措施，及时发放养老金，为澳门社会保障实现全覆盖奠定了基础，每个澳门居民都能得到最基本的退休保障。后者社会援助以救助为主，主要针对贫困群体和弱势家庭的特别援助、敬老金等项目。

（八）中国台湾地区

我国台湾地区社会保险制度一改传统常规的按养老、医疗、失业等社会保险性质划分方式，而是根据社会不同群体进行分类，诸如劳工、军人、公职人员、农民等，不同险种按各类群体工作特质进行覆盖，如劳工保险涉及劳工、自雇者和雇主等群体，公教保险涉及军公教等公职人员，农民健康保险涵盖了全体农民。每一类保险又根据不同群体不同工作性质、不同年龄、不同遭遇设计了不同的支付标准，如劳动保险中还包括诸如老年给付、失业给付、残废死亡给付、劳灾与职业病给付、疾病津贴、生育津贴等给付或津贴，而军公教保险中除老年给付（军人为退伍给付）、残废给付、死亡给付外，还包括了眷属死亡津贴和退抚给付等。

四、公共文化体育

无论是公共文化还是公共体育，目前发达国家和地区都是通过立法及政府管理来进行相应的规范，以期保障相应事业规范、长久发展。

（一）公共文化

一是通过立法，从法律层面给予公共文化事业地位。诸如：美国联邦政府1956年颁布《图书馆服务法案》，开启了美国现代公共图书馆联邦立法和联邦政府财政支持公共图书馆的历程，堪称美国公共图书馆历史上里程碑式的法案。瑞典2009年通过的文化法案，明确文化政策目标为“在言论自由的基础上，文化将成为一支充满活力、具有挑战性和独立性的力量，每个人都有机会平等参与文化生活，创造力、多样性和艺术品质将成为社会发展不可或缺的一部分”。韩国于2006年12月29日颁布《读书文化振兴法》，旨在通过阅读的生活化增强国家的知识竞争力，促进人们情绪和生活质量的改善。该法规定，从2009年起，韩国文化体育观光部每隔5年制订读书文化振兴基本计划，现已施行第三个五年计划。

二是通过组织安排和政府财政支持公共文化事业的长久发展。诸如：瑞典将公共文化政策归于社会福利政策的一部分，特别强调每个人都有参与和享受文化服务、参加艺术教育项目的机会，注重儿童和青年享受文化服务的权利。1974年成立的瑞典艺术理事会是瑞典文化服务的重要支持机构，每年为美术馆、博物馆、图书馆、表演艺术、音乐、阅读推广、学校文化活动等提供约25亿瑞典克朗的资金支持。我国香港地区的公共文化事业服务组织大都有政府背景或有立法背景，可以根据与政府部门关系紧密程度不同划分为政府部门、延伸机构和法定组织三大类，经费主要来源于政府财政拨款。由于相应的组织在政府主导的框架之下开展工作，使得香港地区公共文化建设和服务的社会参与度很高，参与方式种类多样。2001年台湾当局教育主管部门颁布了所谓“图书馆规范”，政府部门制订相关计划，从整体框架上予以指导，明确规定了公共图书馆要承担推广社会教育这一促进公共文化事业发展的责任，在各地文化教育主管部门和相关学会的积极倡导下，通过积极开展“推广阅读活动”和举办文化活动，促进了台湾地区社会阅读风气的形成。

三是通过均衡分布、多元模式以及评估监测，保障政府在公共文化事业方面投入的效率。如：日本强调公共文化服务体系的硬件设施广泛、均衡地分布于全国，以保障国民能够便捷地享受到这些设施提供的精神文化产品和服务。日本1968年成立文化厅，最初由政府主导公共文化服务，统一管理文化事务，1990年之后，通过鼓励私人部门对公共文化的赞助逐渐形成以政府主导的多元化供给模式，以丰富公共文化资金供给和提升投入效率。瑞典2011年成立文化分析局，从官方角度通过资金投入以及各项文化体育服务的覆盖率等投入指标，以及各种文化体育服务和设施的使用次数、使用效率等产出指标，定期分析和评价各种文化政策措施的投入和产出情况。我国台湾地区在前面提到的“推广阅读活动”中，在两期“阅读植根与空间改造”中明确了建立“台湾地区北、中、南、东四区资源中心，办理区域性阅读推广”的规划目标，并在子计划“提升公共图书馆品质”中，提出“以推广民众乃至社区的阅读风气为主”具体目标，通过规划“台湾阅读节计划”“学生圆梦绘本计划”等涵盖各个群体的具体推广内容，从区域、群体等不同角度全方位提升了我国台湾地区公共图书馆的均衡发展和阅读习惯的养成。我国香港特别行政区在促进文化产业均衡化发展方面，一是通过政府合理主导并予以大力度的财政支持（文化艺术投入约占政府公共财政的1%），二是鼓励社会多元参与，构建多维伙伴关系，缔造一个有利于文化艺术发展和存续的社会环境。同时特别关注儿童、老人、青年、残障人士等社会特殊群体，通过政府主导、社会参与、重点扶持等手段综合推动公共文化事业发展，取得了较好的效果，2013年香港的公共文化服务享受指数曾排名全球第七名。

（二）公共体育发展

与公共文化事业相似，全民体育也具有典型的公共产品特征，因此，发展较好的国家和地区的政府通常从立法和财政两个方面予以支持，以促进公共体育事业的发展。诸如：20世纪70年代以来，美国政府颁布了一系列与促进国民健康相关的政策，通过界定城市和社区提供体育保健设施的具体标准、制定不同群体的健康标准和锻炼指导，保障公民享有平等的参与体育健康项目的权利。20 世纪 80 年代，美国为了增加体育公共服务供给和购买，相继出台了 8 部相关的主要法律、400 多个法律法规规定。目前，美国公共体育服务是由社区体育俱乐部和社会体育社团供给，其中的社区体育俱乐部是供给的基础和主体，虽然都属于民间团体主导型组织，但因管理主体不同又分为民间团体管理和政府管理两种类型。此外，美国联邦政府下设 12 个直接或间接与公共体育服务相关的供给或管理部门，主要目的是制订体育健康发展的计划和政策，开发场地设施等资源，统筹管理和指导体育服务供给等。

韩国政府通过制订“大众体育振兴三年综合计划”（1990—1992 年），制订了第一个“全民大众体育振兴五年计划”（1993 年）等一系列发展计划，通过扩建大众体育设施、开发与普及大众体育运动项目、培养大批大众体育指导员等措施，促进全民健身运动的广泛开展。此后，韩国根据不同阶段的发展目标，又相继制订了 5 次大众体育振兴五年计划，逐步完善大众体育的各项制度，尽可能普及公共体育供给水平，使全民都能享受到参与体育锻炼、参加体育活动的权利。同时，还针对残疾人和老年人等特殊群体，加大资金援助力度，使其平等地享受福利性锻炼。在对体育发展的资金投入方面，韩国主要采取以政府投入为主，社会各界予以补充的方式，中央和地方政府的预算，地方自治团体的资金，由国民体育振兴公团管理和运营的国民体育振兴基金、大韩体育会及国民生活体育会等民间体育团体自行筹集的自身财源等。

2011 年日本政府在原有的《体育振兴法》基础上，颁布了涉及体育权利、国际关系、青少年、残疾人、大众和竞技体育等诸多内容的《体育基本法》，对体育设施建设、社会体育指导员的培养、学校体育活动的开展、体育经费的保障都作了明确规定，为推动日本大众体育发展方面发挥了积极作用。日本投入体育公共服务的经费主要由国家和地方的财政预算、体育公共服务发展基金、各类彩票收入、企业赞助、民间团体赞助等方面组成，随着不断发展，政府财政补贴的比例在逐年减少，取而代之的是体育彩票补贴与体育赞助的经费比例逐年增加，在发展公共体育事业的同时，很好地缓解了政府财政压力。

香港特别行政区政府通过政策和经费投入两个方面对公共体育的发展施加调控，具体的调控政策包括大力推广普及各个阶层的体育活动、努力发展精英体育提高香港体育运动在国际体坛上的水准和地位、鼓励建设优良体育设施等。对香港体育发展影响力最大的是香港康体发展局和香港业余体育协会暨奥林匹克委员会，其中香港康体发展局对推动香港政府体育政策的贯彻执行方面，发挥着极其重要的作用。香港业余体育协会暨奥林匹克委员会是社会团体类的体育组织，同时也是国际奥委会成员之一，其工作职责是协调香港地区体育工作发展，为香港大众和运动员争取更好的体育设施和工作环境。

社区体育是台湾地区各项体育事业中开展得最早，也是普及最好的项目。台湾社区的体育活动主要以乡、镇、市、区等层面为组织主体、由体育专业人员进行指导，在社区组织管理下举行全面健身娱乐活动，包括各类社区竞赛活动。如台湾各县市每年度兴办的辖区内社区联合运动会，突出趣味性、休闲性，广泛调动了社区居民的参与积极性；另外，各地方县市通过举办全民性的运动联赛，或者针对不同年龄居民的单项比赛，从各个层面提升社区民众体育参与意识和运动热情。“行政院体育委员会”是台湾地区最高体育行政管理机构，下设 5 个专业机构和 3 个附设中心。另外，台湾地区的社会体育团体较多，独立性相对较强。“行政院体育委员会”通过调配体育经费对社会各个体育团体进行监督和管理。由于具有公益属性的社区体育比较难以从社会体育团体中寻求合作与资助，因此这部分资金的来源主要有两方面，一是依赖政府补助，由直辖县、市政府及乡、镇、市、区公所提供编列经费，补助社区体育活动的开展；二是通过企业捐助，由台湾地区的大企业捐资兴建体育场所和体育基础设施，满足社区体育活动的需要。多年来，我国台湾地区工商企业对社区体育的支援成效显著，其支持有形无形地推动了社区体育的高速和高质量发展。

五、优军优抚

优军优抚是国家和社会给予军人及其家属的优待和抚恤。和平年代，各国对保障军人权益方面的政策有所差异，下面就美国、韩国两个国家对于军人的优待和抚恤进行阐述。

美国在保障军人权益方面的立法非常完善，涉及国防、退役军人、伤残军人赔付等10多项立法，涉及退役军人就业和再就业、伤残赔付及抚恤、住房保障、医疗保障服务、特殊津贴等多项内容，为保障军人权利和军队地位提供了有力的法律依据和支持。美国现行双轨福利制，针对退伍军人设计了有针对性的、较为复杂的福利体系，最早这一福利体系只限于针对因公受伤的退役军人补偿或提供服务，后来扩大到针对所有退伍军人的福利保障。该福利体系提供的服务涵盖了针对在役或退役军人就业、教育、医疗、失业救济和残障服务等各个方面，其中的基本权益包括退役金和退休金，医疗卫生保健，就业扶持，教育培训优惠、退役军人失业救济金和就业补助，残障退役军人的医疗服务、照料和补贴等。

1961年韩国成立军事援助厅，针对朝鲜战争中牺牲的军人遗属以及伤残军人进行抚恤，并在朝鲜战争结束后，陆续出台了《独立有功者优待法》《韩国报勋福祉公团法》《报勋基金法》《军人保险法》以及《退伍军人支援法》等法律法规，用来保障退伍军人的权益。韩国在对这些法律进行修订的基础上，于2019年12月31日颁布了《退伍军人补偿法》，该法规定退伍军人补助金分为报酬金、津贴和死亡抚恤金。除此之外，还对符合条件的退伍军人及其家人提供教育、就业、医疗和贷款等福利。韩国的退伍军人就业安置属于计划和市场相结合的模式，即一部分退伍军人的工作由国家安置，其余部分自谋职业。韩国的《军队人事法》规定：“政府对服役10年以上的军官和下士官依法保障再就业。符合条件的人通常安排在与国防有关的预备役部队，也有一部分改文职，另外一部分进政府机关或国企工作。”

六、残疾人服务

残疾人的社会福利保障是一个国家和地区整个社会保障制度中的重要组成部分，也是残疾人得到社会关怀、体现社会文明发展的重要制度安排。近现代发达国家和地区在推进残疾人的社会福利保障方面各有特色，在政策取向、制度设计、保障项目和具体标准及实施办法等方面，对我国社会保障体系的建立和完善都具有重要的启迪和借鉴作用。

发达国家和地区对残疾人保障体系的规范主要从法律规范、制度安排和实际操作三个层面着手，全方位予以保障。

法律规范方面：各国和地区都通过立法来从根本上保障残障人士的权利平等、机会平等。如1935年美国联邦政府出台《社会保障法》，奠定了其社会保障体系的根本基石。目前美国针对残障人士的社会保障体系由社会保险和社会福利两部分组成，为残障人士提供的社会保障服务包括专项社会保险、生活补助、住房补助、就业培训和扶持、医疗保健、教育保障、日常照料等多个项目，基本目标是要实现“机会平等、正常对待”这一基本原则。通过近百年的不断调整，目前美国的社会保障供给格局不断转变，联邦政府主要职能由原来的直接参与不断向地方政府和社会组织转移，即社会保障职能主要由地方和社会承担，现在的联邦政府更多地扮演了决策者和监督者角色。德国在第一次世界大战后为解决伤残老兵的生存困境问题，开始实施国家干预促进就业，是首个提出按比例吸纳残疾人就业，对残疾人实施就业保护政策的国家。1994年，残疾人劳动就业权作为一项基本权利被写入德国宪法，进而 2001 年又通过法典形式颁布《残疾人保障法》这一专门保障残疾人权利的法律，不断通过细化法律规范来保护残疾人的权益。此外，残疾人就业受到更为严格的法律保护，企业解雇残障人士须获得政府劳资部门审核、批准，且企业还须返还因雇佣残疾人而得到的政府各项补贴。日本通过颁布《残疾人基本法》来强调国家、社会公共团队在残疾人劳动就业中的责任和义务，规定残疾人应该享受到职业介绍、职业指导、心理支持等服务内容以及享受残疾人就业保障金等福利。韩国于 1999 年全面修订《残疾人社会保障法》，实现了残疾津贴的扩大，残疾人事业不断多样化发展，相对来说，家庭中残疾人的预算投资方面比例出现了增长的趋势。

制度安排方面：德国通过就业政策设计和完善福利津贴两个方面来加强对残疾人的全面保障。一方面，德国规定任何有 20 个及以上工作岗位的雇主，都需要保留 5%的职位留给残疾人，联邦机构则须保留 6%的工作岗位，且残疾人免交个人所得税；另一方面，规定无论因何致残，任何有身体、精神和心理残疾的人都有权利获得公共服务的帮助，包括教育、医疗、康复、职业介绍等社会服务和残疾人福利津贴。德国残疾人的福利津贴包括疾病保险待遇、战争伤残赔偿、工伤保险待遇、一般伤残待遇或残疾人过渡津贴等，以现金形式发放为主，又因残疾群体、残疾等级、残疾致因的不同而存在差异，分别归属不同的社会保险基金负责。另外德国残疾人享受许多间接津贴，如重度残疾人可申请领取残疾人就业保障金以作为因残疾而引致的对其劣势社会地位的补偿。瑞典从 2003 年执行新的残疾人养老金保障制度，将残疾人养老金从原来的养老金体系中分离出来划归到国家医疗保险体系中，由疾病补偿（Sickness Compensation）和活动补偿（Activity Compensation）替代之前的临时和永久残疾养老金，19~29 岁年龄段的残疾人领取活动补偿，30~64 岁的残疾人领取疾病补偿。活动补偿的目的是鼓励年轻人尽可能参与劳动，并保证其经济保障不受影响。韩国通过制定相应政策，改变原有的残疾人社会保障预算更侧重在机构内残疾人的规定，取而代之的是所有残疾人全部被纳入普惠性社会保障政策之下，很多因残疾导致收入受限的持证残疾人，除了可得到基础生活保障制度的支持外，还可通过国民年金、健康保险、雇佣保险、工伤保险等社会保险制度得到更多保障。

在实际操作的细节设计方面：德国残疾人的生活费用享有多方面的支持，首先由伤残保险金给付，不足的情况下可由医疗储蓄金管理机构给予补充，并且致残者有权申请社会救济金保障以满足其基本生活的需要。德国的疾病残疾保险、工伤意外保险和战争伤残保险是为由于疾病或者因残疾无法从事劳动或者降低劳动收入的公民提供的资金保障服务。此外，德国残疾人还可以享受税收优惠、免费乘坐公共交通工具等间接补贴，残疾人的社会保障项目非常全面，可享受全方位的社会福利，并由社会保险承担起生活照顾费用。韩国通过提供国民租赁住房或永久性出租住房，保障残疾人家庭可以得到稳定、长久的廉价住房；未满 5 岁的残疾儿童可接受免费保育服务，学龄期残疾少年儿童可以平等进入一般小学和中学就读；像非残疾同龄人一样，65 岁以上的残疾老人可享受老人疗养服务。韩国政府还专门推行包括经济支持、医疗支持、教育支持、就业支持及社会服务在内的残疾人特惠性社会保障政策，以解决普惠性社会保障政策无法维持持证残疾人适当生活等问题。发展至今，韩国的残疾人社会政策已经包含了残疾人生活的各个领域，各个政府部门直接或间接承担与残障人士相关的业务。

从上述归纳可以看出，这一领域发展较好的国家和地区相应体系的建立，都是基于上述的法律体系建立、制度安排以及具体方案和措施的制定与实施等方面的不断完善。下面通过几个国家和地区的发展个案，从几个侧面观察各国或地区在残疾人公共服务体系方面的发展的过程和经验教训。我国台湾地区继 1994 年提出的所谓“社会福利政策纲领”之后，

2000 年台湾当局又提出所谓“社会福利政策纲领修正版”，对残疾人士的保障体现在一系列对于身心障碍者的及时关怀政策上面，包括“马上关怀”“工作所得补助方案”“青年安心家”以及一些短期促进就业等措施，重点关注领域包括社会福利服务、医疗服务、教育服务、就业服务、社会参与服务和无障碍环境的建设等方面。

一是残疾人公共服务体系发展演替：以日本为例。

日本 100 余年的发展大致经历了初创、发展和去机构化三个阶段。（1）初创阶段：日本的初创阶段可以追溯到 1874 年，日本颁布的《恤救规则》将残疾人纳入国家救济范围，但中央和地方政府并无实质救助措施，也不承担绝对责任。1929 年日本政府制定《救护法》，取代了先前的《恤救规则》，规定虽然明确了国家对穷人的救济责任主要由市町村政府负担费用，但并没有规定国家对残疾人的相关救助责任，残疾人的主要救助责任仍由家庭负担。（2）发展阶段：第二次世界大战结束后，日本将福利纳入日本宪法，并实行了相应的社会福利措施，在 1949—1960 年的 10 年中，相继颁布了《肢体残疾人福利法》《精神残疾人福利法》和《智力残疾人福利法》3 部法律，针对不同残疾类别构建了保护残障人士的法律体系三大支柱，由原来的家庭承担逐步转换为社会承担。日本政府又进一步颁布了《体育振兴法》（1961 年，2011 年修订为《体育基本法》）、《残疾人基本政策法》（1970 年），在之前保障残障人士基本生存需求的基础上，纳入精神层面需求的保护，提出要分层分类保障残疾人自主参加体育活动的权利，将体育娱乐活动纳入残障人士的保护范畴，使得日本对残障人士的公共服务体系发展更为完善。（3）去机构化阶段：日本政府 1993 年修改了《智力、肢体残疾人基本政策法》，要求地方政府为残疾人的康复以及体育娱乐活动作出战略规划。在 1982—2012 年的 30 年间，通过制定 3 个十年长期的、有延续性的政策规划，构建了中央政府、地方政府和社会组织三位一体的残障人士保障体系。

二是福利内容的构建与实施：以我国香港特别行政区为例。

香港地区的福利内容设计全面而细致。当前香港残疾人社会福利主要由福利服务和社会救助两部分构成，其中，福利服务涉及住宿服务、日间服务、残疾儿童教育服务、医务社会服务、支援服务、无障碍服务等关系到残障人士衣食住行实际需求的各个方面；社会救助又分为经济、住房、医疗、法律和心理五大类别救助，旨在通过政府提供的一系列资金与服务支持，满足残障人士最基本的生活需要。在经济救助方面，主要涉及社会保障计划下的综合社会保障援助计划和公共福利金计划。残疾人士及其家庭如果在经济方面存在收入低下问题，可以通过一定程序的经济审查后，获得“综援计划”所提供的现金救助。除此之外，还有诸如特别津贴、长期个案补助金、小区生活补助金等援助对残障人士进行救助。另一项公共福利金计划下的伤残津贴申请更为便捷，申请人不需要接受经济状况调查，只需提供公立医院证明，表明其残疾情况已经达到领取伤残津贴标准，也可得到现金援助。同时，依据其是否需要他人照顾或接受住院照顾，可以将补贴进一步区分为“普通伤残津贴”和“高额伤残津贴”。没有在“综援计划”下领取补贴的残疾人士，如果有一定的经济困难，还可以通过向慈善基金提出申请，获得即时或短期经济援助。

七、其他基本公共服务

除了公共教育、医疗卫生、社会保险、文化体育、优军优抚及残疾人服务等项目，我国专项的基本公共服务供给还包括社会服务、住房保障、劳动就业等方面。但由于不同国家和地区对基本公共服务中各个项目的外延和内涵定义有所差异，归类并不一致，很多服务都穿插在不同的专项中，社会服务相应的基本服务供给重点也有所不同，并不能一一对应地分离出来，这里将通过一些典型国家和地区进行剖析。

（一）社会服务体系

1. 英国

英国的社会服务体系发展较早，在欧美发达国家也具有一定的代表性。英国社会服务更注重于社会帮助，重点针对未成年人、老年人、残疾人、精神病人等群体，当其由于健康和能力方面不足，难以完全照顾自己时，社会对他们提供适当的帮助，在英国往往称之为社会照顾（social care），在内容上与其他公共服务进行区分。由于政府和自愿性非营利机构在这个领域占了绝大多数，私人服务微乎其微，而政府及自愿性非营利机构的服务都带有一定的福利性，因此许多学者又将它称为福利服务。

社会照顾群体包括老年人、残疾人、精神病人和儿童（及其家庭）四类群体，此外还有一些专门的服务，涉及孕妇和哺乳期的母亲、吸毒者、酗酒者以及无家可归的人。

地方当局社会服务部门的支出结构显示，老年群体是社会服务最大受益者，其次是儿童，由于这两个群体人口比例大，在总的服务支出中也占有最大的比例。但其他群体，如残疾人，人口比例较小，虽然总支出比重小，但其福利水平也很高。

1948 年英国从立法层面明确规定地方当局对老年人有照顾责任，启动建设了专门照顾老人的福利院，但收养规模和人数十分有限。20 世纪 60 年代是英国针对老年人福利照顾发展最为密集的时期，政府先是通过修订国民救济法案，规定除了针对老人的福利院院居服务外，地方当局还有责任和义务为辖区老年人提供包括餐饮、娱乐在内的家居服务，另外地方当局还应提供短期院居服务，与家居服务相互配合，为暂时遇到居家困难的老年人提供短期入住和服务；在 1968 年之后，又进一步规范和发展了日间照顾中心和短期院居服务。

儿童福利院的职责是负责养育、救助孤儿、弃儿等失去正常家庭的儿童。1948 年颁布的儿童法规定福利院对这些儿童的后续服务必须延续到 21

岁。此外，对缺乏正常家庭生活的儿童，由政府出资，通过寄养的方式安排到符合要求的、正常的家庭中生活，给儿童成长以正常的家庭生活，更有利于儿童心理健康地成长。为了保证寄养的儿童享受其应得的权益，收养儿童的家庭必须接受社会服务部门及法律部门的审查和持续监督。一般地，在地方当局负责收养的儿童中，采取寄养方式的儿童数量占四成左右。除了社会供养外，政府还会通过一系列政策鼓励条件较好、有抚养能力的人将这些儿童作为子女领养，使其真正成为家庭的一员。

除了前面章节介绍，在社会服务方面，英国针对残疾人的救助又包含了四个方面：院居照顾、家居援助、日间照顾中心和技能训练。通常，残疾人能够自愿选择是否接受院居照顾，但如果医院认为必须收容照顾，经过法院确诊后，即使残疾人自己不同意，也必须强制进入福利院。福利院费用由残疾人家庭支付一部分，如无力支付则由国家或当局进行补贴。家居援助主要包括上门提供保健、家庭护理服务、送饭等，另外还包括住房的布置和设施配备，由社会工作者指导家庭安装暖气、杠杆把手，改造浴室、厨房、厕所，政府对此提供一定的资助。日间照顾中心可为残疾人提供饮食、洗濯、理发等服务，每位残疾人每周可接受2~3次中心提供的服务。精神方面的残疾患者，可根据病情严重程度选择合适的方式进行短期或长期的治疗和疗养。

英国社会服务费用主要由政府和当地组织承担，个人付费在各项福利制度中只占总支出很小的一部分，起到辅助作用甚至只是象征性收费，但个人付费是普遍存在现象。社会服务收费原则在1948年国民救助法中被确定，当时规定地方当局照顾老人时，老人院可以收取房费。其他收费还包括：儿童寓院及日间照顾机构的收费、残疾人寓院及日间照顾收费，以及家居援助收费。英国社会服务收费比卫生、教育更普遍，而且收费标准略高。但收费水平，全国没有统一规定，地方有相当大的自主权，有的地方高些，有的地方低些，而且社会服务各个项目收费水平也有很大差异。

2. 韩国和日本

韩国和日本都把社会救助制度作为生活保障制度的一部分。韩国为了减轻贫困并改善低收入家庭的生活质量，实施了一些公共援助计划。最具代表性的计划是国家基本生活保障系统（National Basic Livelihood Security System，NBLSS），该计划源自1961年颁布的《民生保护法》，是为缺乏工作能力的低收入家庭提供一定福利。1997年的经济危机增加了对社会安全网的需求，1999年韩国颁布《国家基本民生安全法》，替代了《民生保护法》，于2000年10月1日起生效。NBLSS受益人是那些家庭收入低于最低生活成本的人，是基本生活保障福利（例如生计、住房、教育、分娩和残障福利）的基本受益人。NBLSS计划加强了对低收入家庭的国家责任，以确保绝对贫困者的基本生活，保障金的领取者以家庭为单位。经过严格的经济审查，全国大约有3%的人口可以享受此福利，福利包括生计收入援助、医疗援助、住房援助、教育援助、分娩援助、丧葬援助和自立援助7项内容，供给的数量和类型取决于家庭对福利的需求和工作能力。如2016年韩国一个四口之家享受的最大生计收入补助金约1020美元。

日本的社会救助制度也被称为生活保障制度，顾名思义，对弱势群体的救助根本上就是保障其基本的生活水平。日本社会救助制度始于1932年颁布的《救护法》，进而在1946年实施的《生活保护法》中明确规定，“国家应根据生活困难的国民贫困程度，实施必要的社会救助，提供最低生活保障，并促使其自力更生”，随后1950年日本全面修订《生活保护法》，形成了《生活保护法（新）》，进一步明确了社会救助的“明确国家责任”“无差别平等”和“保障最低水平”三大基本原则。首先，明确了社会救助的主体是国家和政府；其次，明确了社会救助的客体是全社会处于贫困线以下的弱势群体；最后，确定了救助标准和目标，即要保障所有国民享有“维持健康且文明的最低限度生活的权利”的责任。围绕上述的三大原则，日本政府对社会救助范围和内容作了进一步细分，涵盖生活、分娩、医疗、教育、住宅、就业、殡葬七个方面，符合条件的国民可根据自身情况申请其中一项或多项。为保障社会救助制度持续发挥作用，在制度设计方面，日本中央政府在厚生省设立了救助司与社会司，同时在地方上由道府县设立民生处，每10万居民的地区都设立一个社会福利事务所，保证政府的管理辖区不留死角；在财政供给方面，中央政府和地方政府按8∶2比例分担费用，社会救助除了包含常规的现金及实物救助外，同时还通过养老院、康复院、救济院、习艺所、公共医院、公共住宅六种生活保护设施予以补充，对各类生活困难的国民给予相应的救助和照顾。与韩国相似，这类救助是有条件和标准控制的，被救助对象需要通过政府的相应审核，符合标准的才能享受对应的生活救助。因此，被救助对象在遇到困难时首先要向对其负有抚养义务的亲属寻求帮助，如果抚养义务人没有能力承担，才能由政府依法对救助对象实施救助。全国范围内的救助标准以各地区的平均生活水平为依据来制定，并不完全一致，大致分为大城市、中等城市、小城市、乡镇四类。

3. 中国香港和台湾地区

我国香港社会服务最具特色之处是其优质高效的组织架构。香港社会服务联会（简称“社联”）的前身是“紧急救济联会”，成立于1951年，目前发展成为一个拥有超过310个机构会员、3000多个服务单位的、致力推动香港社会福利的发展、为香港市民提供超过九成社会福利服务的机构。香港社联最初的设立是为应对第二次世界大战后涌入香港的难民潮及其带来的诸多社会问题，倡导公平、公义、共融和关怀，其作用一方面是通过社团组织为社会和居民提供各种服务，协助政府更好地解决相应问题，服务于社会；另一方面作为政府部门在社会中的触角，将社会发展各方面的问题与意见反馈给政府，架构起社团与政府二者彼此沟通、营造公民社会的桥梁与纽带。在具体操作中，香港社联对其下辖的机构会员和服务单位进行管理，增强对社会福利服务机构的问责，进而推动更加完善的社会福利服务，促进机构服务社会的能力。虽然支持社联运作的大部分资金来源于政府，少部分来自香港赛马会慈善基金及其他社会慈善捐助，但其行政归属并不归政府管理，即不是政府的下级单位，而是一个代表非政府社会福利服务机构的联会组织，因此，香港社联以“提出政策和改进意见”为工作宗旨，是一个独立的社会组织机构。

20 世纪 70 年代至 80 年代末，我国台湾地区经济进入了相对快速的发展期，相应地，对社会服务体系的需求也进一步增加，1980 年所谓“社会救助法”的出台使台湾地区的社会救助工作步入法制化的道路，其后台湾当局颁布出台所谓“儿童福利法”“老人福利法”“残障福利法”“少年福利法”，共同构成台湾地区现代社会福利体系的基础。1973 年台湾当局颁布实施所谓“儿童福利法”，针对未满 12 周岁的儿童或青少年，明确了两个基本福利目标：一是促进所有儿童健康成长，二是对家庭发生变故或家庭经济困难的儿童给予相应的救助。通过立法明确了各级政府机关的职责分工。其中，台湾当局层面具体负责与儿童福利相关的立法项目研究，从宏观上把握儿童福利事业的发展方向，并对规则实施过程中遇到的问题制定政策和实施方案；市县层面以具体事项落实、专业人才培训指导、个案管理、统计调查等具体工作为主。20 世纪 80 年代初期，台湾地区基于中国尊老、敬老的传统文化，以安定老年人生活、维护老年人权益为宗旨，颁布实施了所谓“老人福利法”。老人福利的服务对象为 70 岁以上的老人，各级主管机关除了完成各自职务范围内的事务，还必须通过奖励和补助宗教机构、慈善机构和社会公益团体等方式来推动老人福利的发展。通常各级政府用于老人福利的开支由政府负担，由老人福利促进委员会聘请有关单位代表和专家、学者进行审议提交主管机关审定。台湾地区现有的老人福利机构根据功能定位可以分为扶助、疗养、休养和服务机构四个大类。台湾当局通过颁布所谓“老人福利法施行细则”，进一步规范了各地老人福利机构的运作，扩大享受福利的老人群体范围，规定福利机构在内部设施条件允许的情况下，可以为 60 至 65 岁且自愿负担费用的老年人提供长期照护服务。所谓“老人福利法”及其所谓“老人福利法施行细则”的出台填补了我国台湾地区在养老社会保障方面的空白，提高了台湾当局应对人口老龄化的能力。

台湾地区对社会服务的定义是：“以组织或制度的方式，用专业的社会工作方法和适当的资源协助，针对使用现有社会资源仍无法解决自身问题的个人、家庭或社区所提供的一种补救性的服务”，救助对象涉及所有弱势群体，救助项目主要包括生活扶助、医疗补助、急难救助和灾害救助四个类别。第一，生活扶助对象是低于地方当局收入标准的低收入家庭或个人，救助方式主要以现金给付为主，有时地方当局也会通过福利机构收容为低收入家庭或个人提供服务。地方当局对于低收入者的资产状况负有尽职调查义务，一旦发现其资产增长超过扶助标准，则会立即停止救助支持。同时，规定接受扶助者有义务接受地方当局的就业辅导等帮扶措施，如果拒不接受或经辅导之后拒不就业，当局也可以停止相应的扶助。第二，医疗补助的救助对象主要是低收入或被收容的伤病患者以及医疗费用过高超出支付能力而无法负担的患者，医疗补助救助遵循保险优先支付原则，如果患者参加了社会保险并且获得了赔付，则不再对其提供医疗补助。第三，急难救助主要为家庭遭遇突然变故，生活陷于困境的人提供帮助，使其度过短暂的困难时期。第四，灾害救助主要是对遭遇自然灾害或其他灾害并且程度较重的人群实施的援助，包括抢救、粮食供应、房屋修缮等，以帮助受灾群体尽快恢复正常的生活。

（二）住房保障

1. 美国

美国住房和城市发展部（United States Department of Housing and Urban Development，HUD）根据“平等住房权”原则，主张拥有居所是每一个美国公民的基本权利，为低收入群体提供特惠式住房保障援助，在立法、补贴、产权和财税金融政策等多方面提供支持。可借鉴的方法归纳为以下三点：

第一，完善住房保障立法。1932—1992 年的 60 年时间里，美国在住房保障方面相继颁发出台了 9 个法案，包括《住房贷款银行法》《住房法》《城市重建法》《联邦住宅法》《公平住房法案》《住房与城市发展法》《住房与社区开发法》《印第安住房法》《联邦住房企业财政安全稳健法案》，从保障对象、住房权利与公平、城市发展和社区开发、贷款、保险等各个方面对住房保障进行法制约束与保障，相应地各州政府也制定了适于本地的相关政策法规，比如纽约出台了特殊的《租金控制法》以干预城市房租涨幅，保障了低收入群体能够以更低的成本获得住房。通过立法保障了住房公共服务的相关政策和措施的落实，消除住房歧视。

第二，为低收入群体提供住房补贴或者供给廉价的公共住房。一方面通过各类租金补贴，如住房券等方式，为低收入群体提供住房。低收入家庭租住一定条件内的房屋，按规定只需支付在家庭收入 25%以内部分的租金，超出的部分政府通过给予补贴的形式承担。目前该补贴的对象已扩大至包括退休老人、残障人士在内的收入位于中低位次的 80%的人口。另一方面通过政府专门项目或者旧房改造等方式提供更多的公共住房，比如公租房和廉租房，提供给需要以低租金获得住房的低收入人群，这些房屋主要由社会非营利机构进行管理。

第三，对住房保障提供更优惠的财政税收和金融政策支持。2010 年住房及社区建设项目占联邦财政支出的 2.88%。为扶持低收入者在私有市场获得住房，政府通过提供购房和建房的低息贷款与按揭保险，减免所得税及财产税。当年联邦住房管理局（Federal Housing Administration，FHA）就为 3400 万居民提供了按揭保险。此外，美国鼓励私人对公共住房建设项目进行投资，并给予一定的优惠政策，通过多种财政方式满足低收入群体住房保障服务的供给。2001 年美国的自有住房率由 1930 年的 30%以下上升到了 70%。

2. 英国

第二次世界大战后，英国面临空前的住房紧缺，加上福利国家的基本政策，促使英国在1946年、1949年和1956年多次修改住房法，大力推进住房福利，主张政府供给公房的对象不应仅限于低收入者，而应扩大到一般的居民，使其居住面积得到有效的扩大，居住质量得以提高。

英国设计了相关的租房福利调整机制，防止个体因住房支出开销过大而导致贫困的发生。如，规定居民租住合乎标准的住房，自付房租后的实际收入水平低于贫困线，即可获得相应的住房补贴。如果家庭整体收入水平在贫困线之下，政府除免费为其提供“标准住房福利”外，还应对其进行社会救助，以增加其待遇达到相应的最低标准。

英国的住房补贴涉及五项主要内容：一是全部免除房产税。无论自有住房还是租住房，都不需要缴纳房产税；二是代缴房租。在当地政府确定的房租水平基础上，扣除相应折扣后须由租户承担的房租，可用住房补贴代缴。但代缴数额有所限制，各地区按照当地经济社会发展的实际情况确定上限，超出部分由租户自己负担；三是补贴贷款利息。如果家庭或个人通过抵押贷款购买房屋，可以申请住房补贴支付贷款利息，但不可直接用住房补贴购买房屋，体现了住房补贴的根本属性是保障个体居住权，而非购房权利。利息支付额度也按照不同地区限定上限标准加以限制；四是代缴水费。住房补贴可以用于缴纳水费；五是对于自身有住房的贫困家庭，可从住房补贴中支付修缮费和保险费，以保障和维护房屋质量。

3. 瑞典

瑞典的公共住房由市级政府通过公共住房公司运营管理，目前已有超过300家公共住房公司为瑞典全民提供占住房存量近20%的住房资源，占住房租赁市场的一半左右。目前的公共住房分配主要通过网站预约排队实现，瑞典也不再提供广泛的住房补贴，对公共住房的投资通过租金收入来提供。公共住房公司和私人部门相比并没有特殊的优惠或优势。瑞典住房租赁市场强调保障租户的权利，一手租赁市场中的房屋基本由公司作为房东，在签订租约后租客有权一直租住房屋。同时瑞典还设定了 8 个专门的地区性房屋租赁仲裁法庭，专门调解涉及房屋租赁的纠纷。

为了避免公共住房项目污名化，瑞典强调公共住房为所有人都提供住房，而非仅仅是弱势群体，因此申请公共住房没有收入或其他方面的限制。当然在现实中，高收入群体通常不会选择公共住房，而公共住房的住户通常是收入较低、失业者或者接受社会福利的群体，更多地来自移民群体。住房地点在社会梯度和族裔背景之间的分割（housing segregation）也是近年来瑞典住房均等化关注的重点。

4. 日本

日本的自然地理条件决定其土地紧缺，特别是大型城市房价高企。政府为保障低收入家庭的住房权利和机会，推行了一系列住房政策。日本住房保障制度的宗旨是提高住房私有化程度，提升中低收入人群的购房能力，改善其居住环境。具体从两个方面着手：一是直接减免购房居民一定比例的利率；二是为通过提供优惠性政策或者政府直接投资支持房地产开发商建房，降低住房售价，以使中低收入家庭有能力购买。

日本目前住房保障形式包括公营住宅（类似我国的廉租房和公租房）、住宅公团、住房补贴、金融公库等。其中：由国家和地方公共团体协作管理的公营住宅，一般是通过自主建房、收购或租赁民间住宅等方式集中房屋后，以较低的价格面向低收入群体租赁；住宅公团是经由国家出资建房或平整土地，由地方公共机构为主体面向中等收入人群通过申请抽签方式进行出售或租赁；金融公库是为了保护政策性住房融资的顺利进行而专门成立的金融机构，用于面向居民提供与购买住房或自建房相关、长期稳定的低息贷款。此外，日本还规定购建住宅只要符合国家政策及技术规范要求，不仅可申请低息贷款，还可以用个人所得税抵扣还贷期内的数额，在住宅的交易和持有环节都可享受税收减免优惠。

为了有力地支持住房保障，日本颁布了一系列法律法规，如《住宅取得促进税制》《住宅建设规划法》《公共住宅法》《地方住宿供给公社法》等，一方面明确划分中央和地方政府的责任和义务，另一方面保障住房资金供给，以保障“国家出资、民间金融机构提供服务”在具体操作层面上的可操作性。目前执行的由民间金融机构为保障人群和项目建设提供低息贷款及相关业务，由政府补贴贷款差额，这种制度安排既能为建设保障房融入足够的资本，同时也鼓励民间金融机构参与建设的积极性，还能提高资金使用效率，降低运营成本。

5. 韩国

韩国政府在解决低收入家庭住房保障的问题上，针对不同收入的群体采取不同的保障措施：一类是提供公租房或者低价房；另一类是低息贷款或者税收方面有优惠。值得说明的是，韩国对低收入的标准（相关的资格条件）进行了明确的界定，以确保筛查出真正需要保障的低收入居民家庭，并能使其达到合理的居住标准。

韩国的公共保障住房包含小型商品住房和公租房两类。小型商品住房面积一般小于60平方米，主要针对具有一定购买能力的中低收入者；公租房，顾名思义，用于针对低收入人群的租赁，其建设资金来源于国民住宅基金或中央（地方）政府的财政预算。韩国严格规定了低收入阶层的住房保障标准——“小户型”住房，最低收入群体的保障标准是每户40平方米，低收入家庭的保障标准是每户60~80平方米。根据韩国国土交通部测算，2022年之前长期公租房存货比率将会由2016年的6.3%上升至9%。在公共租赁住房的供应方面，每年平均提供13万套的年度租赁住房和4万套的公共支持租赁住房，并为低收入老年人和残疾人家庭等弱势群体提供住房支持，其中，严重残疾的人优先提供。

经济政策方面，韩国政府采取住房租金补贴、低息购房贷款以及税收优惠三种方式保障民众的住房需求得以基本满足。住房租金补贴的补贴对象是收入低于最低生活费用的贫困家庭。为了减轻低收入承租人的负担，政府为他们提供了两种租房押金贷款：一是针对城市低收入家庭的押金贷款，贷款额不超过1000万韩元，年利率3%；二是针对无房的低收入劳工的押金贷款，贷款额相当于租房押金的50%，年利率7.7%~9%。低息购房贷款的扶助对象是购买小型住房、年收入低于3000万韩元的低收入且无房家庭，贷款利率和贷款额与购买住房面积和类型（新建住房/二手房）相关。税收优惠面向购买小型住房的低收入无房家庭，根据购房面积可以免缴或少缴住房购置税和交易登记税。为改善公租房屋的运营和管理，引入了等待名单系统，并集成了复杂的租赁房屋类型以提高管理效率。加强激励措施，扩大自愿租赁住房的登记并促进逐步制度化，例如申请租赁合同的权利。

6. 中国香港、澳门和台湾地区

众所周知，香港和澳门特别行政区都存在地少人多、商业房价高企的问题，政府对基本住房保障方面的做法或可以值得我们借鉴。

香港特别行政区的住房体系由政府和私人机构两部分组成，政府负责制订长期计划、建设房屋并发售，而私人机构则通过政府委托，承接住房部分项目。从保障范围看，香港住房体系覆盖面较广，针对的群体多样；从保障程度看，香港有一套完善的制度，保障从建房规划、招标到房屋建设和分配，再到轮转出售全部流程，同时也确保了房屋质量、分配的合理性和流转效率等。

香港住房体系的多样性体现在两个层面。一是住房功能多样性，房屋类型非常齐全，按照出租、购买和临时过渡三种需求被相应划分为公屋、自置居所和中转房屋三类。实际上香港所有享受政府保障房优惠政策的居民几乎都可以纳入这三类被保障房屋范围，其中绝大多数属于公屋和自我购置住房，中转房因其作为过渡使用，占比较小。二是覆盖群体多样性。每类房屋之下又针对不同类型的市民制定了相应的细分用房和保障政策。

香港特别行政区现有的公屋社区管理者主要涉及房屋署、屋村管理委员会和物业公司三家单位。房屋署是屋村管理的法定官方机构，是政策的具体执行机构，由其组织下辖的屋村办事处负责提供物业和租约的一站式管理。由于公屋数量庞大、覆盖人群广泛，为提升管理效率，房屋署也会将部分物业管理工作外包给私人运营的物业公司。

澳门特别行政区为在其辖区内居住者提供两类保障住房。一是面向收入较低且暂时居住在澳门的家庭租赁的社会房屋，二是面向特定收入水平的澳门居民，提供符合他们实际需要和购买力的经济房屋。这部分房屋由政府出资建设，对私人房屋市场及社会房屋政策起到补充和调节作用。澳门地区负责房屋保障的政府机关主要是房屋司和社会工作司两个部门，房屋司是澳门运输暨工务政务司辖下的一个行政及财政自治机构，负责房屋建设、规划编制、制度与标准设立等方面的工作，社会工作司参与涉及低收入人群社会房屋计划兴建过程中的规划、措施制定等方面工作。

台湾地区的住宅保障制度重点针对三类住宅：一是“国宅”类，由地方当局直接出资兴建、补贴民间自建或补贴民间贷款自购等方式产生；二是补贴供给类住宅，如公教、军眷、劳工等住宅，是依据群体的不同身份而提供补贴类住宅，这类住宅包含了直接兴建与利息补贴两种方式；三是为低收入、贫困群体提供的社会福利住宅，包括了由地方当局兴建的平价住宅和出租“国宅”等。2009 年起台湾地区先后出台所谓“青年安心成家方案”“合宜住宅专案”“整合住宅补贴资源实施方案”“修正国民住宅条例”等相关政策，并于 2011 年 12 月通过了第一部针对住宅保障的专门法律——所谓“住宅法”，明确社会住宅应占住宅总供应量的 10%，标志着台湾地区住房保障政策进入了一个新的时期。其中：“青年安心成家专案”为青年人提供“租金补贴”和“两年零利率购置住宅贷款补贴”，协助青年家庭减轻居住负担；“健全房屋市场方案”通过政府与民间合作方式兴建“合宜住宅”，对有资格的家庭低价出售。

（三）劳动就业创业

1. 瑞典

瑞典扶助就业的政策可以分为三个阶段：第一个阶段为支持阶段，在失业开始的150个有偿工作日期间，由职业介绍所指派一位顾问帮助失业者撰写求职信，积极寻找工作；第二阶段为匹配阶段，之后在300个有偿工作日内，政府通过职业介绍所组织失业人员进行有针对性的培训，帮助他们发挥个人的优势条件，并根据市场需求寻找新的工作；第三阶段发展保障阶段，如果求职者在前面450个有偿的工作日里仍没找到工作，将进入这一阶段，从事固定的社会公益服务活动（这类服务活动与其他正常的工作不存在竞争关系），而雇佣他的企事业单位将从第三阶段计划中获得每人每天210克朗的补助。

在国家劳动力市场管理局统一负责管理下，瑞典现有200多个职业介绍所分布在全国各地从事扶助就业的相关工作。随着信息化发展，目前职介所可以实现计算机全联网，对每位失业者都能做到永久和持续管理。

2. 韩国

韩国1995年正式生效的《就业保险法》（Employment Insurance Act），通过失业保险、稳定就业计划、职业技能发展计划三个部分针对职业不同阶段和各类问题进行了系统的规范。失业保险基于社会救助，规定了求职津贴和鼓励就业援助金两项内容，为失业者提供维持基本生计的现金补助；而后两项，稳定就业计划和职业技能发展计划为支持鼓励劳动者就业创业奠定了基础。稳定就业计划可以针对失业者提供就业信息、鼓励雇主雇佣妇女、老年人等特殊劳动者；职业技能发展计划可为失业者提供必要的职业培训，并对提供培训的雇主进行激励和补助。早期韩国的失业保险只覆盖30人以上的企业，这部分人数仅占全国总就业人数的20.7%。由于1997年的金融危机，韩国失业人数激增，政府开始扩大就业保障范围。从1998年10月起，韩国的所有公司均列入就业保障范围内，不论规模大小，也不分全职或是兼职从业者，只要月工作时长不低于80小时或周工作时长不低于18小时的雇员均须参加就业保险。韩国实施扩大青年就业的义务制度，从2018年开始公共机构中青年就业的强制性比例有所提高，由3%提高至5%，并鼓励私营企业雇佣青年员工。同时为失业青年提供促进青年就业津贴，按3个月30万韩元标准给付。同时，韩国积极消除就业中的性别、年龄歧视等问题，例如为女性分娩和育儿提供保障，支持失去工作的妇女重新就业、为失业和退休人员创造条件使其专注于再就业活动，而不必担心其生计等，增强所有人对劳动力市场的适应能力和终身就业的可能性。就业保险基金由职工和用人单位分担，雇员和用人单位分别缴纳其工资的0.80%和1.05%~1.65%，保险金一般用来预防失业、促进就业，发展和提高工人的职业技能，以及支持失业工人的稳定和再就业，如有不足，可以由国家财政予以补贴。此外，为保障稳定就业和发展职业技能，不同类型和规模的企业需按比例缴纳用于促进和稳定就业的专门费用。

3. 日本

1974年日本颁布《就业保险法》，通过保险的方式，一方面为失业群体提供生活补助，另一方面用来改善就业结构，提高就业者的职业技能，抑制失业。1977年通过颁布《特定不景气行业离职者临时措施法》和《特定不景气地区离职者临时措施法》两个法案，对特定行业或地区的离职或失业人群采取特别优待措施，以鼓励和帮助离职或失业人员尽快就业。受到日本家庭劳动结构传统的影响，青、壮年男性是家庭收入的主力军，因此早期的就业政策主要聚焦关注的是这个群体，20世纪80年代后，随着日本社会老龄化的加剧，全社会女性独立意识逐渐增强，就业服务对象也随之逐步向老年人和女性扩大。日本目前执行的就业政策主要涵盖了三个方面：一是雇员在职期间防止失业、维护就业稳定；二是对失业者提供必需的生活保障，帮助其维持一定水平的生活质量；三是为失业者提供必要的职业支持和帮助，如提供适宜的就业指导、职业培训和职业介绍等。此外，为了纾解不断扩张的大城市人口密度过大带来的就业和生活压力，日本在1987年通过《地区就业开发促进法》，通过鼓励开发欠发达地区，拓展就业渠道，进而促进地区的均衡发展。

八、国家或地区间比较

总体来说，美国和加拿大在基本公共服务供给方面，有很多相似之处。特别体现在教育、基本社会保险和军人福利方面。北美国家因为各州主体以及联邦政府的财力相对充足，因此，公共服务的供给较为全面，使得全民能够享受到基本的公共服务覆盖。美国和加拿大推行基础教育阶段12~13年制的义务教育。对公立学校实施公费教育，公费的范围包括学费、书本、规定的文具、早午餐等，并且均实行由多级政府共同提供教育服务。在国民基本医疗保险方面，则推行根据家庭经济情况而缴纳具体保费，贫困人群可申请补贴的医保制度。基本社会保险方面，美国的社会保险包括联邦老年、鳏寡和残障保险计划、失业保险、医疗保险、伤残保险和儿童健康保险；加拿大的社会补贴包括就业保险、公共养老金和住房、教育、培训、残疾人保障。在军人保障方面，加拿大退役军人福利包括退役军人权利、疾病伤残类津贴福利、经济资助项目、关爱无家可归老兵、适应地方生活服务。美国的退伍军人保障则包括退役金和退休金，医疗卫生保健，就业扶持，教育培训优惠，退役军人失业救济金和就业补助，残障退役军人的医疗服务、照料和补贴等项目。

在欧洲地区，本书选取了英国、德国、瑞典作为研究对象。从教育方面看，各国虽然在细节方面有所差异，但总体上基本一致。如德国儿童从6岁开始接受12~13年的免费义务教育，公立学校学费实行全免费，教科书等学习用品部分减免；英国义务教育提供儿童至15岁的公立中等教育免费；瑞典针对7~16岁儿童实行九年制义务教育，除了极少数的私立学校之外，所有阶段的教育都免收学费。教育服务的财政资金都是由政府通过税收实现，中央与地方政府分担比例上有所差异；从社会保障方面看，德国和英国设计相对复杂，而瑞典分类相对简单。其中，德国社会保障制度以全民覆盖为总体目标，通过各类保险予以保障；英国实行的国民保险制度针对老年、失业、暂时失去劳动力、永久或完全失去劳动力、死亡抚恤和遗属救助等不同情况归为五个类别。瑞典的分类相对简单，但作为公共保障的安排也非常全面，涉及了家庭和儿童政策、就业政策、养老金政策以及残疾人服务等方方面面。从残疾人服务保障方面看，德国重视保障残疾人的各项权利，无论因何致残，任何有身体、精神和心理残疾的人都有权利获得包括教育、医疗、康复、职业介绍等社会服务和残疾人福利津贴等全面的公共服务帮助，同时疾病残疾保险、工伤意外保险和战争伤残保险也为由于疾病或者因残疾无法从事劳动或者降低劳动收入的公民提供较为充裕的资金保障服务。而英国更重视为残疾人提供完善的社会服务，通过针对残疾人的院居照顾、家居援助、日间照顾中心和技能方面训练予以保障。而瑞典在常规服务和救助基础上，还按照不同年龄阶段残疾人的不同生活需求和特征进行分类现金补偿，如针对年轻残疾人（19~29 岁）的残疾人活动补偿，针对成年残疾人（30~64 岁）的疾病补偿，为不同年龄段残疾人提供基础的生活和物质保证。

在亚洲国家和地区，对比日、韩两国和我国香港、澳门以及台湾等地区，可以看出，发展较好的国家或地区普遍通过两个手段——立法保障和资金支持，推动了基本公共服务发展和供给的均衡化。

在义务教育领域，日本、韩国都施行 6~15 岁共 9 年的义务教育。在实施免费基础义务教育的同时，通过对贫困者发放就学补助、优先发展农村、贫困地区等措施，在全民覆盖的基础上实现了相对均衡的发展。基于对欧美和亚洲基本公共教育相对发达的国家和地区基本公共教育保障范围、立法保障与制度安排的梳理，可以看出它们既有共性又有个性。概括起来大致表现在以下几个方面：

一是虽然由于国家和地区经济社会发展水平差异、发展阶段有所不同，但政府重视程度都很高，通过立法先行，有力地推动了基本公共教育的发展。立法的同时也在不断优化完善保障制度，形成了一个相互促进的良性循环，即立法越是完善，相应的保障制度和措施也更切合实际，基本公共教育的发展就越好。

二是充分的财力物力保障。发展较为均衡的国家和地区，在推行和发展基本公共教育普及的过程中，特别是前期，政府投入了大量的财力和物力，以确保基本公共教育的普及和协调发展。

三是因时因地、分门别类、适时发展。在基本公共服务均等化推进过程中，相应的国家和地区做法总体上分为两类：一是从区域层面，重点扶持农村和欠发达地区，如韩国、日本优先保障偏远地区的专门财政补贴和教育资源优化政策等；二是从群体层面，针对具体人群进行专门的制度设计，以保障教育的覆盖面和均衡程度，如美国加大初等教育国家投入、加拿大通过补贴欠发达省份公共教育资源支出以保障全国范围供给水平均衡、德国和瑞典等国家平衡公立和私立学校的政策、我国台湾地区着力构建各学区学校数量、质量以及入学条件的均衡等。

四是不同发展阶段发展的重点有所差异。从发展阶段看，欧美发达国家基本公共教育发展起步早、水平相对较高，经历了“普及—均衡—高水平普及”的良性循环，保障机制也相对完善；亚洲的日、韩两国和中国台湾地区，虽然发展起步相对较晚，各国或地区因发展背景、特征和政策机制有所不同，发展路径各有千秋，但整体上都完成了“普及—基本均衡”的过渡，其过去的发展历程正好是当下我们的发展阶段，或可提供一些值得借鉴的做法和案例。

在医疗卫生领域，日本采取完全覆盖农村地区的基本公共卫生服务保障体系，韩国采取政府统一管理型的医疗政策，不同程度实现了医疗卫生公共服务的普及推广和均衡供给；我国台湾地区则以全民健康保险制度为核心，辅以商业健康保险为补充，以“人人均纳保为宗旨”，实现全民医疗保障体系的完善。相比较日、韩两国的社会保险较为简单，包含常规的基本医疗和养老两个部分，而我国台湾地区的社会保险设计较为特殊，也相对比较复杂，不是按照通行的养老、医疗、失业等社会保险性质来划分，而是针对社会群体，按从业人员身份特征划分，根据不同群体的职业特征进行分类保障。我国香港社会保障制度也在传统保障体系的基础上进行了改良，除了包括综合社会保障援助计划和公共福利金计划，还额外增加了涉及暴力及执法伤亡赔偿、交通意外伤亡援助以及紧急救济等更为详细和有针对性的内容；而澳门地区则实行双层式社会保障制度体系，分层次、分门类、分人群以及分重要程度予以保障。尽管各国或地区制定的措施有所差异，方式方法和侧重点都有所不同，但总体上保障的程度和水平与各国或地区经济社会发展基本相适应，都体现了良好的自我适应性。

日本和韩国在社会救助方面的服务保障具有一个共同特征——强调国家和政府对社会救助的责任和义务。日本的社会救助制度重点体现生活保障，1950年日本政府通过对原有的《生活保护法》进行全面修订，形成《新生活保护法》，突出了“国家义务和责任”“无差别平等”“保障最低水平”等原则，重点强调国家对弱势社会群体的救助、保障所有国民都能享有“维持健康且文明的最低限度生活的权利”这一基本责任。韩国最具代表性的是国家基本生活保障体系，也同样强调了对低收入家庭的国家责任，国家要确保需要保障的绝对贫困者基本生活，通过提供全方位自给自足的服务来实现生产性福利。

第三章　他山之石：基本公共服务均等化及其评价

一、基本公共服务均等化的经验借鉴

基本公共服务均等化是一项涉及政治、经济、社会理想的综合性政策目标，它的实现需要建立在权衡社会多元价值的基础上。一方面，要在考虑外部性（成本与收益在辖区间不匹配）及激励相容原则的同时，在中央到地方政府之间的纵向和地方政府相互之间的横向两个维度进行事权划分；另一方面，还要根据宏观调控的需求以及财权、事权对等原则，配置不同层级政府之间的税收收入，并以此为基础，完善不同政府之间的转移支付制度。从19世纪后半叶，德国社会政策学派代表瓦格纳主张财政的社会政策作用，到1912年法国公法学者莱昂·狄骥提出“公共服务”概念并将其作为现代法制度的基本概念，西方国家在自由竞争阶段后期开启了公共服务理论的系统研究。进入20世纪中期，新古典综合学派的代表萨缪尔森首次明确定义了“公共产品”的非竞争性和非排他性特征，同时学界也就提供公共产品和公共服务的主体展开了研究和讨论，基本形成了较为统一的认知，即以政府提供公共产品与公共服务具有提高市场效率、实现社会平等和稳定经济三个重要作用。由于市场追求利益最大化的本质，市场无法替代政府有效地供给公共产品及服务，因此，应该划分清晰的界限，由私人部门提供私人产品，公共部门提供公共产品。

由于不同国家和地区受到政治制度不同、经济社会发展程度和人文背景有所差异、提出并推进基本公共服务体系建立的时间段前后不一、推动力度不等等多方面因素影响，对公共服务概念及均等化标准的制定和认知都有很大的不同，其在推进过程中的制度设计和运用的手段方法也有很大差异。下面通过几个国家的典型案例进行剖析，作为我国基本公共服务均等化发展的借鉴。

（一）美国

总结 20 世纪 30 年代至今美国公共服务供给体系的发展历程，大致可以划分为四个时期：

1. 自由竞争市场经济时期（1933 年前）

起初，美国公共服务供给的主体是社会或私人部门，政府的主要职能是协助公共服务的供给和管理。政府作为监督管理机构，负责的事务包括警察、消防、执法、教育和卫生，但主要是为了维护社会秩序和公共安全，提供满足公共服务供给市场所需的法律政策、合同许可、基础设施和社会环境、必要的价格控制和扶持资助，更像“守夜人”的角色，对私人部门公共服务供给进行严格的监督。政府主要通过土地赠予、政府贷款、债券认购等途径参与社会服务的提供和管理。该时期，联邦政府在公共服务供给方面的作用要弱于地方政府，以市场为主体的公共服务供给模式激发了数量众多的私人部门提供公共服务的活力，奠定了公共服务市场供给的能力基础。

2. 公共服务国有化时期（1933 年至 1980 年）

20 世纪初美国经济大萧条，导致失业、破产数量激增，由此产生的失业救助、社会保障、医疗卫生等公共服务需求量也快速加大，公共服务的福利属性和私人部门的营利性产生冲突，公共服务供给市场机制缺陷凸显。1933 年美国总统罗斯福开始实施“罗斯福新政”，加强了政府宏观调控和对市场经济的干预。美国政府加大了参与公共服务供给的力度，公共服务供给主体由政府部门逐步替代了私人部门，慢慢成为市政服务、燃气水电、医疗卫生、基础教育、社会保障等关乎居民日常生活和生存所需的公共服务的主要供给者，提供的公共服务涉及经济、社会、生活的各个层面，政府在公共服务供给中的作用越来越显著。

3. 公共服务市场化改革时期（1981 年至 2000 年）

20 世纪 80 年代初，随着社会经济不断发展，民众对公共服务的需求进一步提升，公共服务的涵盖内容也越发广泛和细致，单纯依赖政府供给无论从数量还是质量上都远远落后民众需求的增长，由此，里根政府推行了公共服务市场化改革措施，扩大私人部门参与公共服务供给的范围，这个阶段联邦政府的角色定位是“企业型政府”。20 世纪 80 年代，美国经历了经济滞胀后，随着政府重塑运动兴起，新公共管理理论成为政府运行的指导性思想，主张政府将“掌舵”和“划桨”分开，即公共服务应完全由非政府部门提供，利用市场竞争机制达到公共服务供给的效用最大化。20 世纪 90 年代后，指导思想由新公共管理理论向新公共服务理论转变，即公共服务受益者的公民属性，公共服务供给需要兼顾效率和公平，但总体原则都是“企业型政府”，都是加强私营部门在公共服务供给中的作用，提高公共服务供给的效率。但是，公共服务市场化使得公共服务所有权分散在大量私营部门，导致了公共服务管理难度大，各地区发展不均，不同群体公共服务获取不均等问题，有损社会公平和机会均等。

4. 政府+市场多元化供给时期（2001 年至今）

这一阶段为市场机制下由联邦政府主导和管理的多元主体参与公共服务供给。2001 年，美国小布什政府率先在教育、社会保障、医疗卫生领域实行公共服务供给体制改革，推行政府主导的多元供给。2008 年奥巴马政府继续推行此改革。这一时期不同于过去完全市场主导或完全政府主导的过于单一的供给模式，而是强调政府与私有部门共同合作和服务于社会。政府角色定位为“服务型政府”，除了为私有部门提供公共服务供给的社会环境外，还负责直接提供由个人、社会组织和企业无法提供的公共服务，即政府和私有部门参与的公共服务领域不同，相互配合、相互补充。政府的管理监督、制度引导和沟通协调职能协助私有部门更有效率地、更均衡地供给公共服务。此后，美国市场导向多元供给主体的公共服务体系逐渐完善，有效减轻了政府财政支出压力，能够更有针对性地提供相应服务。

根据前面对美国公共服务制度发展历程的总结可以看出，倾向于市场化的福利制度会对公共服务供给和享有的公平性造成极大挑战。因此美国的社会保障制度和公共服务供给制度最终转向由联邦政府主导，激发私人部门与地方政府参与的协作运行模式，由过去的大政府、小社会、高税收或者小政府、完全市场模式转变为小政府、大社会、低税收模式，政府所提供的社会保障的对象也更加具有针对性，保障性质也随之调整，从最初的单纯强调救济性福利逐渐转变为以工作性福利为主、救济性福利为辅助的综合福利。

回顾美国百余年来公共服务体制的改革，虽然从公共服务供给主体看，是一个不断在政府与市场二者之间交替的过程，但从供给深度和广度看，每一次的改革都是在原有供给基础上的一次补充和深入。随着制度不断完善，供给效率与公平两者之间呈螺旋上升的趋势。

（二）加拿大

加拿大公共服务和社会福利体系也经过较长一段时间的发展，大致可划分为以下几个阶段：

1. 公共服务体系建立初期（1867 年至 20 世纪 30 年代初）

早期，加拿大公共服务的供给者以地方政府和私营部门为主，中央政府不参与各省社会服务事项的管理。当时提倡个人自治，即社会问题和贫穷是个人行为的结果，也应该由个人负责。公共服务体系建立的初期，公共服务供给遵循四大原则：第一是剩余性原则，即公共服务的对象是无法实现自救的群体；第二是选择性原则，即公共服务的对象仅覆盖老人、孤儿、残障人士等特殊群体；第三是条件性原则，即社会保障只服务于履行公民义务的人；第四是“更少资格”原则，即获得社会救济的人数很少，并且提供的补助金额低于最低工资标准，以防国民过度依赖政府救济。

2. “福利型国家”建设时期（1940 年至 20 世纪 70 年代早期）

在经历 20 世纪 30 年代的经济大萧条以后，经济社会经历重创，人民对公共服务和社会保障的需求大大增加，加拿大政府开始推行通过构建更完善的公共服务和社会保障制度帮助公民抵御风险，满足人们对公共服务的需求，帮助经济复苏。1940 年至 20 世纪 70 年代，加拿大开始建设“福利型国家”，逐渐构建现代化社会服务体系。加拿大联邦政府在社会治理和公共服务供给上的作用凸显，也开始着手解决国内出现的社会问题。

3. “福利型国家”转型时期（20 世纪 70 年代中期至今）

探索完全福利型政府向市场机制下福利型国家转型，这一时期主要实施了两个较大改革：一是推行新型福利制度。放弃公共服务以政策规划和服务计划为目标导向的福利制度，改变公共服务供给结构；二是充分利用社会经济系统促进社会福利，整合经济社会的各方资源来共同服务于社会保障。20 世纪 90 年代后，进入了福利制度转型的加快期，政府采取缩减政府干预和多元化公共服务供给模式相结合的方式，由政府主导社会服务向市场承担更多责任和义务转变。

回顾 150 余年的发展历程可以看出，加拿大的公共服务体系一直围绕着制度结构合理性、制度运行规范性、需求满足程度、资源利用效率和对经济社会发展的客观作用五个方面，不断进行动态调整。

第一，社会保障制度的结构合理性。加拿大社会保障制度涵盖了社会保险制度、社会救助制度、全民医疗保健制度等多个方面，其合理性可以从不同维度进一步观察。从资金来源角度看，可以分为由税收和公共财政负担的社会保障项目和由个人负担的社会保障项目两个方面；从管理主体角度看，又可划分为由中央政府管理的服务、地方政府负责管理的服务以及由非政府组织或私营部门负责的服务；从受益对象角度看，可分为针对所有加拿大公民或永久居民的服务项目，如就业劳动和医疗卫生保障等，针对特定群体的服务项目，如针对老年人、残障人士、儿童等人群的特别保障。

第二，公共服务运行规范性。规范性主要通过完善的立法、匹配的政策法规来实现。相应的法律法规不仅明确了中央和地方各级政府以及社会层面各自的责任、义务及其服务范围，还保障了公共服务体系的运行和社会保障政策的实施。

第三，公共服务充分满足社会需求。从供给广度上看，政府财政支持的保障服务普及所有加拿大公民和永久居民；从供给深度上看，公共服务的目标是满足国民的基本需求，并保障获得公共服务的平等权利。比如，在劳动收入保障项目中包含多项子计划，让不同情况的公民获得不同类型的保障，以确保人们的收入达到最低工资水平。

第四，社会资源有效整合。通过整合多元化的资金来源和服务供给主体，提高资源的有效利用程度，加拿大对社会保障的开支有比较严格的控制，其社会保障支出水平在发达国家中居于中间地位。比如，在医疗卫生保障服务上，尽管加拿大实行全民医疗卫生保险，但政府在该项目的财政支出比以私人保险为主的美国更低。

第五，主张公共服务对经济社会发展的促进作用。首先，政府根据人们的需求不断改革公共服务体系，以满足不同群体在不同经济社会发展阶段的需求，其中最主要的是医疗卫生和特殊群体保障方面；其次，通过公共服务改善社会不平等。比如，对低收入群体提供资金组别，联邦政府通过推动产业结构优化升级提供更多的就业岗位，促进低收入群体进入劳动力市场，增加收入，降低国家贫困率，促进社会流动。

（三）德国

德国健全的法制、完善的财税制度对于缩小地区间的差距起到了关键的作用，同时也促进了全国基本公共服务均等化水平的提升，使得德国公共服务在供给范围和发展水平两个方面都处于世界领先水平。

德国基本公共服务的供给渠道有三类，分别是政府的公共行政体系、企业和非营利组织。其中，联邦政府、州政府和地方政府共同组成政府的公共行政体系，三个层次各司其职又相互协同。对于公共服务主体的落实，遵循基层政府优先、能力优先和责任分工三个基本标准。基层政府优先标准，是基于基层政府对当地实际情况最为了解，由其直接为辖区居民提供服务，能够更加直接和适用，效率也会更高；能力优先标准，即谁提供公共服务的效果更好就由谁提供；责任分工标准，通过清晰划分各级政府责任分工，使其各司其职又相互协作。

《德意志联邦共和国基本法》（以下简称《基本法》）在财政收入分配、支出责任的划分上，对政府支出及公共服务范围划分作出明确规定，突出联邦制的相对独立性，为财政均等化提供了制度保障。其中，联邦政府一级主要负责提供具有高度外部性的公共服务；州级政府主要负责与法律秩序、司法管理、大学和中小学教育等相关的公共服务；地方一级政府着重负责带有信息需求的地方性公共服务，如社会救济和住宅补贴、消防和急救、为本辖区居民提供基础生活设施等。实际上，大部分公共服务由三级政府共同负责，联邦、州、地方政府支出占总财政支出的比重分别为50%、33%、17%。

1969年，德意志联邦共和国进行财税改革，废除联邦政府和州、地方政府分开征税的制度，通过转移支付体系建立了纵横结合、相对稳定的“税收共享”制度，为今后的基本公共服务均等化发展奠定了基础。

目前，三级政府虽然还保有各自的专享税，但大部分收入来源于包含个人所得、工资、公司所得、资本收益、流转和进口营业等税收在内的共享税，并通过法律规范三级政府分配共享税比例。同时，法律还规定在必要的情况下，共享税比例可经联邦参议院批准进行调整，这种对共享税分配及使用既严格管理又不失灵活处理的方式，很大程度上确保了财政横向和纵向均衡的实现。

规范的财政转移支付制度是实现德国公共服务均等化的资金保障。《基本法》中明确了财政转移支付的原则要确保地区间居民基本公共服务供给的无差别化。以此为基准，通过《税收分配法令》《联邦与州间财政平衡法》等具体法律法规进一步详细规定了财政转移支付的收入来源、管理主体、管理权限和操作办法等。即便是1990年两德统一，东西部存在较大差异的情况下，共享税制度仍被沿用至今。德国利用分税制在联邦、州、地方政府间进行初次分配，采用纵向转移支付和横向转移支付相结合的制度实现财政平衡，实现了全国人均财政能力95%的均等化，推动公共服务均等化的实现。纵向转移支付根据事权在联邦、州、地方三级政府之间分配资金，包含联邦政府对州政府的转移支付和州政府对地方政府的转移支付两部分，以期达到财政资源的均衡配置。其中，联邦政府对州政府的转移支付包含三方面内容：一是增值税的共享比例份额。德国税收总额的74%为共享税，根据《基本法》，联邦政府用自身享有的一部分增值税资助财力薄弱的州。联邦政府将地方分享的增值税分为两部分，一部分（≥75%）按各州人口平均分配，一部分（≤25%）用于补助贫困州，帮助贫困州的财政能力达到全国平均水平的92%。二是专项拨款，联邦政府通过专项拨款方式对州政府和地方政府的某个专项公共服务项目进行补贴。三是“共同任务”拨款，根据《基本法》中“生存条件一致”原则，联邦政府负责通过拨款补贴需要与州政府共同承担的事项。州政府对地方政府的转移支付，采用70%的一般性财政拨款和30%的特别需要分配金两种形式。前者根据地方政府的税收能力指数和需求指数（或人口数）进行拨款，后者根据地方政府的实际财力状况对指定用途的项目进行拨款。

除多数国家普遍采用的纵向转移支付之外，德国还通过横向转移支付制度来平衡州际之间的人均财政收入能力。规范的地方政府间横向转移支付成为缩小地区间差异、保障德国基本公共服务供给保持较好均衡水平的重要的平衡机制。在州际之间进行的横向转移支付是由经济较强的州通过财政收入“捐赠”的方式向财力薄弱的地方转移，用以平衡政府间的财政能力，间接地推动公共服务均等化目标的实现。具体的操作办法是：根据各州财力指数（人均财政收入能力）和平均指数（即全国平均人均财政收入能力）之比来确定富裕州（>102%）和贫困州（<95%），将富裕州超出财力指数的部分按一定比例或全部作为平衡资金转移给贫困州，使贫困州的财政能力达到全国平均财政能力95%的水平，平衡资金的划拨由州和联邦政府的财政结算中心进行。

此外，德国通过公共服务机构去行政化、供给主体多元化、向非营利组织购买服务等方式，保障了基本公共服务的供给效率和水平。受人口老龄化、全球经济危机等多重因素影响，德国政府建立了公共服务提供主体多元化机制，除政府提供公共服务之外，充分调动企业和非营利组织在提供公共服务中的作用，如通过对铁路、高速公路、车站等公共设施进行所有权和经营权分离方式，进行市场化改革，以减轻政府的投入，同时也促进企业和非营利组织发挥越来越大的作用，成为德国公共服务领域不可或缺的力量。

政府一般会通过委托、采购、准市场化或第三方治理等方式为非营利组织提供公共服务。委托是较为传统的方式，一般通过签订合同将公共服务项目授权交给非营利组织接管，这类委托通常用于尖端的专业技术领域；采购是政府部门依据相关的法律法规，利用竞争性招标购买相应的服务项目；值得一提的是准市场化或第三方治理方式，政府将某项公共服务纳入国家福利待遇及其社会政策框架中，通过报销服务或支付产品费用等方式给予供给服务的非营利组织费用。如德国具有影响力的福利协会，其历史悠久、口碑极好、有丰富的经验和专业知识，在国内和国际福利领域、跨文化服务等方面发挥着政府或他人无法替代的作用。其承担专业化的社会服务功能，有着其他组织无法超越的社会作用，各级政府均向其采购相应的公共服务。

二、基本公共服务均等化评价的经验借鉴

如果说公共服务的均等化是实现理想社会的政策目标，那么构建公共服务均等化的评价体系则为均等化目标的有效实现提供了参考框架。它不仅可以客观量化基本公共服务均等化水平的现状及其变动趋势，还可以通过监测找出导致公共服务供给不均等的各方面主要因素。从全球范围来看，由于不同国家和地区发展阶段、发展水平、定位和目标、侧重点都有很大差异，对于公共服务均等化的评价也有着截然不同的框架。一般情况下，发达国家已经经历了基本公共服务供给框架的建立、基础性基本公共服务全覆盖的阶段，也基本实现了低水平的均等化水平，进入完善提升阶段，其对基本公共服务均等化的评价就会更加注重效率评价，即如何以最小的投入获得更多的服务提升（如德国、瑞典）；而发展中国家和地区，还处在基本公共服务体系和框架初建、完善阶段，目标实现更加注重覆盖面及普及面两个方面，低水平的均等化是当下发展的工作重点（如中国）。由于基本公共服务的供给历程就是一个螺旋上升的过程，虽然公平和效率是一个永恒话题，但因不同国家和地区面临的情况和目标定位差异很大，评价的手段和方法也不尽一致，这就要根据关注的重点有所不同而不断调整。因此，评价方法和指标体系更多的是在思路层面作参考，而无法作深层次的借鉴。

（一）德国

德国采取投入均等评价方法来评价均衡水平，即通过测度人均财力或财政收入能力的均等化。这种模型是通过比较不同地区，来衡量区域间的差异。为了消除不同地域之间人口分布不均因素的影响，采用人均财政公

共服务支出及其占到人均财政支出和人均 GDP 的比重等指标予以度量。由于不同地区的税基、税率、税收征管水平等因素不同，且这些因素又直接影响到地区的实际财政收入总量及其相应的比重，为了避免过度均等化措施对地区税收产生负面影响，这里采用以理论和标准收入能力取代实际收入指标作为标准予以衡量。采用投入均等模式评价均衡水平的优越之处，一方面，给予地方政府更高自由度的财政权限，可以根据本地区居民的实际需求和偏好实现差异性供给，提供的公共服务更具针对性和有效性；另一方面，因公共产品的管理更为扁平化，对基础数据需求较少，实施成本较低，但是投入均等模式对于不同地区公共服务供给成本的差异、服务多样性与供给侧重之间的矛盾等问题考虑不足，且不同地区由于生产能力、人工水平和成本条件不同，导致均等的投入不一定带来均等的产出和成效。

1. 受益群体

德国基本公共服务的形式是采用普惠型，实施均等化的原则是生活条件平等。《德意志联邦共和国基本法》明确规定了“公民生存一致性”的原则。因为历史和政治原因，不同区域、不同阶层之间存在较大差异，但德国联邦境内的每个公民都应享有基本相同的公共服务、均等的生活条件。德国公共服务的优越性表现在以下几个方面：第一，基础设施建设水平均等化。德国城市布局相对合理，交通、通信、供电、供水等基础设施网络分布较为均衡，城乡之间不存在太大差异；第二，义务教育均等化。早在 20 世纪初叶，德国就通过《童工法》规定 6~14 岁的青少年必须接受基本的义务教育，经过 100 多年的不断巩固和发展，现在已经实现了 12 年制的免费义务教育的基本全覆盖；第三，社会保障均等化。德国建立起较为完善的社会保障制度，涵盖每个公民的生老病死、失业、退休、住房等方方面面；第四，通过采用机会、权力等政策工具全面推动或实施公共服务。通过政策安排培训、工作等机会供给，帮助劳动力获得人力资本方面的积累和提升；通过鼓励受益群体提高参与能力和参与意识，如帮助公民参与社会治理，来影响决策，最终影响全社会的利益分配。

2. 经验总结

第一，职业团体之间。德国关注的“均等化”主要指各个社会群体的生活水平和生活条件相近以及平等对待各个群体的制度安排，重点关注社会弱势群体是否获得了平等的教育权利和社会福利。这种以职业、身份、行业为基础的社会保险制度削弱了行业的阶级意识和分割意识。如德国的基础教育和幼儿教育严格限制贵族幼儿园和贵族学校，通过公立幼儿园和小学提供水平相当的教育服务；部分州不允许择校，以居住小区和街道为准入学。德国最早采取俾斯麦社会保障模式，即以社会保险为核心，社会保障费用主要由雇员和雇主承担，社会保障的给付与雇员的收入和社会保险缴费相联系。德国作为高福利国家，主要特征是法团主义，各个职业团体和行业团体结成社会自治性质的利益组织和行业工会，以各个行业为基础的公法组织成为社会保险项目的主要经办者和待遇给付方。由于各行业的参保人和受益人的风险结构存在较大差异，不同职业团体之间存在苦乐不均和受益不均现象。

针对职业团体之间采用较为和缓的策略，在保持法团主义的基本框架下，满足弱势团体的利益，同时保证优势团体内部的待遇给付不变，具体方法是成立一个跨越各个行业的总体性社会保险机构。由于各州人口结构、移民数量和社会经济条件等方面存在较大差异，养老保险的缴费人和受益人的比例差别也很大，因此养老保险的组织和经办归由各州养老保险机构负责。德国在各州的养老保险经办机构之上，成立联邦层面“德国养老保险”经办机构。而医疗保险和护理保险制度由各法定的、具有公法性质的医疗保险所提供，根据参保人的职业特征和地域特征，医疗保险的风险结构会存在显著差异。在医疗保险中建立“风险结构均衡”机制。2006年之前，医疗保险公司根据自身财政状况在一定区间内调节保费、在医疗保险公司之间进行资金调剂等两条途径实现风险结构均衡；2009 年医疗保险改革之后，参保人和雇主直接将医疗保险的保费上缴给联邦层面的“健康保险基金”，由联邦层面的经办机构根据各保险公司的风险结构将基金返还给各医疗保险公司，后者根据财政状况可征收少量“额外参保费”，实现了全国医疗保险的风险均衡。工伤保险则完全具有“法团主义”特征，由以行业为基础的同行业工会所提供，数目在 19 世纪末高达数百个，当前合并为服务业、餐饮业、冶金业、矿山业、建筑业等 9 个。在工伤保险领域里的各个不同行业工会的基础之上，成立国家层面的“德国法定工伤保险”经办机构，将部分同行业工会盈余的基金调配到入不敷出的同行业工会。这些跨越行业和地域的上级机构负责不同行业和地域之间的调剂，以盈余补不足。

第二，东西德之间。1990 年，一个传统的社会主义国家、以国有企业为中心的社会福利制度被拆解，东德和西德被统一纳入联邦德国的社会福利体系中。因为东德和西德在经济发展水平、生活条件、生产能力和效率等方面都存在巨大差距，引致公共服务水平的差距较大，为了尽快缩小这差距，德国采用了积极财政政策和社会公共政策，西部对东部联邦各州给予大量的转移支付，用于支持基本公共服务供给和促进社会经济发展。如东西德统一之后，对所有正式就业人员收取“统一团结税”，初期为 7.5%，1998 年稳定为 5.5%，团结税全部用于支持东部各州的发展，2017 年，东部各州平均工资上升至西部的 83%左右。

第三，城乡之间。德国是一个城乡发展比较均衡，而且农村人口仅占总人口约 10%的国家，城市和农村的差异较小。

（二）瑞典

以瑞典教育服务均等化为例，其评价体系有机会均等和结果均等两个角度。由于瑞典实行税收负担的全民义务教育，义务教育阶段的机会均等主要体现在教育资源投入上。除了直接衡量教育投入资金之外，衡量教育资源的常用指标有班级规模、师生比和教师质量等。从结果均等上看，文献中最常用的衡量教育结果的指标包括学生成绩、教育项目的选择以及受教育水平。而研究的角度则侧重于研究不同社会经济背景的人群之间的差异。在指标化的评价中，文献中使用的指标包括分位值比率指标，如 90/10 比率指标（变量分布的第 90 百分位值与第 10 百分位值的比率）、90/50 比率（第 90 百分位值与第 50 百分位值的比率）和 50/10 比率（第 50 百分位值与第 10 百分位值的比率）。

对卫生医疗服务均等化/不平等的评价，通常有机会均等和结果均等两个角度。从机会均等上看，由于瑞典提供有税收负担的全民医保，医疗服务在覆盖和享受服务的权利上均等化已经实现。这一角度并非研究的重点。衡量机会均等的一个重要指标是接受医疗服务的等待时间。文献中更关注的维度是卫生和医疗服务使用的均等化或不平等。文献中对医疗卫生服务使用不平等主要集中在不同群体，特别是不同社会经济背景的群体间的不平等。衡量卫生医疗服务使用的常用指标，包括是否回避接受医疗服务和一定时期内接受医疗服务的次数，对均等化或不平等问题的指标化的研究相对较少。衡量卫生医疗服务均等化水平的主要指标是集中度指标（Concentration Indices，CI）和横向不平等指标（Horizontal Inequity Indices，HI）。

（三）其他国家及地区

通常，能力、机会和权利是公共服务均等化所要实现的三个基本目标。其中亟待解决的关键是区域内涉及基本公共服务的财政供给能力与财政需求能力两者之间如何平衡的问题，这实质上也是中央和地方财政分配关系的问题。在一些联邦制国家，如美国和加拿大，由于各个州（省）有相对的独立性，很难有统一的度量全国范围的均等化指标及其度量标准，因此，测度区域之间的不平等往往通过财政层面的指标进行度量。通常情况下，联邦政府通过向下游政府转移支付一定的现金来实现下级政府之间的财政能力均等化，而下游政府通过拥有相对独立的财政权力来更为自主地选择资金的使用方向。

加拿大主要通过转移支付项目保障各省政府财政能力的均等化，以保障各地区公共服务均衡。如：联邦政府将所有省份纳入均等化体系，根据各省人均财政收入水平计算其可能提供基本公共服务的能力，再根据财政均等化标准，联邦政府对财政收入高于基准点的省份计提一定的费用，向低于基准点的省份实行财政转移支付。基准点的计算包括了除北方 3 省外 10 个省的 30 多个不同的财政收入来源，如所得税、销售税、财产税以及经营税等。

美国联邦没有对公共服务供给制定统一的均等化标准。一般而言，美国联邦政府向州和地方政府的拨款和转移支付金额受到各州的个人收入水平的影响。也有特殊的转移支付项目均等化因素，比如对于低收入家庭、残障人士等特殊群体的基础教育、食品和营养、医疗卫生等领域。美国公共服务均等化的实现主要是依靠多元化的服务项目和供给主体，因此，很难形成一个指标上的度量体系。

瑞士通过考虑各州税收能力，建立有条件的基金构建均等化体系；以宪法赋予中央政府有权均等各州财政能力的权力，来消除区域差别。比利时通过“国家共同一致介入”机制，规定那些人均收入低于国家平均水平的区域可以无条件得到联邦政府的转移支付，以此来缩小联邦内部实体之间的财政差距。

日本在社会保障方面兼顾受益和负担相对公平，更注重代际公平的实现。具体来说，首先，当前的社会保障是在职者缴费多给付少，高龄者不缴费给付多，负担主要由在职者承担。其次，社会保障经费已超过国家基础财政收支对象经费的 40%，而税收又不足国家支出的一半，社会保障负担的相当部分已经转嫁到了下一代的身上，这既影响了当下的财政收支平衡，又不利于社会保障的可持续发展。为解决这一问题，日本从代际受益和负担公平的角度出发，改革当前社会保障给付所需要的资金来源，通过自助和减少对国家依赖、有负担能力的人尽可能承担相应负担、扩大社会保障财源等多种方式，尽量由当代人来确保，而不给下一代增加过重负担。

综上可以看出，在发达国家，基本公共服务均等化在供给目标上存在的不均等问题也是基于两个维度的原因。一是纵向维度的不均等，即中央（联邦）与地方政府的财政权力和义务不对等，也就是收入和支出不对等，地方政府财政收入少但支出却大，反之，中央或联邦政府收入多但支出却相应要少；二是横向维度的不均等。地区间财政收入和支出不均等，居民收入也存在差距，从而导致基本公共服务均等化供给目标的不一致。因而，度量不平等的指数，较多地运用在度量公共服务是否均等的情况中。

总体上看，"公共服务均等化"这一概念在国外文献中很难找到相对应的概念、相关研究以及测算和评估体系，相应地，也就没有与本书题目完全对应的国外综合评价经验可以借鉴。究其原因，主要是值得借鉴的发达国家和地区都是经过几十年甚至数百年时间发展积累，基本公共服务供给经过了低水平、全覆盖阶段，总体进入各个方面细致深化阶段，或者说进入到公平、效率相互协调、水平提升阶段。特别是近30年随着社会经济科技不断发展，国际化程度不断提高，这些国家都是基于基本公共服务各个方面不同特征，重点考虑现阶段国内民众需求和亟待解决的问题，在一项服务的某个方面或者在供给的深度、广度、可持续发展等各个方面进行调整，没有特别关注几个大的方面的综合发展，而是在某些方面的推进和改革，因此各国的监测和评价体系也是根据不同阶段、不同重点和服务的特征而设立的。而只有我国在短短30年中从无到有全方位推动、发展、完善基本公共服务体系，因此我国这种集中在一个很短的时期内全面发展的模式没有可以借鉴案例，也就没有特别全面能够综合各个方面的国际评价和监测指标体系值得借鉴。这从一个侧面也反映出中国特有的、不可复制的发展模式，因此，我国的综合评价指标也是具有中国特色、不可复制的指标体系，需要不断进行研究、尝试、探索、改进和修正。通过前面介绍也能看到，各国在某一领域或某些方面也有可借鉴的评价方法和指标体系设置，也是值得我们在这些领域进行指标设计时予以借鉴的。

·下　篇·

中国方案

第四章　我国基本公共服务指标发展综述

一、基本公共服务均等化的政策回顾

20 世纪 80 年代以来，中国经济体制的快速转型要求政府职能进行深刻调整，“效率导向”成为之后很长一段时间我国公共行政执行的一个基本的出发点。与此相对应，受到顶层设计导向影响，上级对下级政府的绩效评估也多围绕“效率”为核心，较少关注基本公共服务的供给效果和质量。这样，对社会公平追求的脚步相对滞后于效率发展的步伐，导致贫富差距加大、公共服务供求矛盾等一系列社会问题不断凸显。进入 20 世纪 90 年代，随着社会经济进一步发展，服务型政府理念的提出引导公共行政价值回归，“公平”“质量”“服务”推动政府职能从效率优先逐步向公平与效率结合的方向转型。

回顾改革开放四十余年我国基本公共服务均等化的战略演替和发展过程，从供给数量方面看，逐步从重视量的扩张开始向质的提升和发展方面演化；从均等化水平看，经历了从最早的各省各区域独立发展，演化到突出“普惠”和“全覆盖”的面上发展，再向突出“方便可及”“群众满意”为基本特征的内涵提升阶段过渡的过程。这里通过梳理 2005 年至今相关政策出台情况（见表 4-1），重点讨论进入 21 世纪以来我国基本公共服务均等化的演进过程，这个过程大致可分为两个阶段。

阶段一：面上覆盖的初级发展阶段（2005—2011 年）

2005 年，国家“十一五”规划纲要从国家层面上首次提出基本公共服务均等化概念，指出要按照均等化的原则加大对西部民族地区、贫困地区、边远农村地区的帮扶力度，特别是在财政转移支付、产业扶持方面加大对不发达地区的帮助，在全国范围内建立城乡共享、机会均等、差异较小的基本公共服务体系。自此，推动和实现基本公共服务均等化成为推动社会与经济的全面、均衡发展，贯彻以人为本的科学发展观的重要抓手。2007 年召开的十六届六中全会，进一步强调要完善公共财政力度，推动基本公共服务均等化，努力构建和谐社会。进而党的十七大再次提出要逐步缩小区域之间、城乡之间的基本公共服务体系发展差距，合理引导生产要素跨区域流动，加大东中西部的协作力度，逐步提高基本公共服务均等化水平。党的十七届五中全会提出“要以改善民生为基本着力点，逐步建立内容完整、覆盖城乡、可持续发展的基本公共服务体系，提高基本公共服务的供给能力，推进基本公共服务均等化”。这些政策明确了政府在一定时期内建立基本公共服务体系的价值取向和目标，政策导向主要以突出“提高供给能力”和“全覆盖”为目标，以区域协调发展为着力点，以保障人民生命权、生存权和发展权为原则，逐步建立覆盖城乡、惠及全民、公正平等、大致均等的基本公共服务体系，推进基本公共服务均等化。可以看出，这一阶段的工作重点是城乡“普惠”和“面上覆盖”，在强调“增量”和“普及”发展基础上，提出了“协调发展”和“构建均等化”的长期目标，以解决区域不平衡、群体结构失衡等问题为突破口，为基本公共服务均等化推进奠定基础。

阶段二：内涵提升的进阶发展阶段（2012—2019 年）

2012 年开始，基本公共服务均等化进入了围绕“方便可及”“群众满意”的内涵提升进阶阶段。从宏观层面看，通过几年推动，基本公共服务逐渐从一种理念上升为国家战略，经过顶层设计进入具体实施推动阶段，对基本公共服务体系进行了较为系统的规划和整体推进；从价值理念层面，在基本公共服务体系“普惠、全覆盖”等基本目标实现的基础上，将

“有效供给、方便可及和群众满意”作为价值取向，逐步从单纯对“增量”的关注向对“提质”的要求方面转变。2012—2019年相继颁布的《国家基本公共服务体系“十二五”规划》《“十三五”推进基本公共服务均等化规划》《关于建立健全基本公共服务标准体系的指导意见》以及中央一号文件，都重点强调了基本公共服务标准化和制度化建设相关内容，在进一步推进城乡基本公共服务标准统一、制度并轨方面作了筹划，实现从形式上的普惠向实质上的公平过渡和转变。

综上，从政策层面看，我国基本公共服务经过15年大力发展，大多数内容都已基本实现了普及，特别是近几年通过内涵提升，在体制机制和供给层面都实现了预定目标，用短短20年时间实现了基本公共服务全方位的推进，追赶上了很多发达国家和地区数十年甚至上百年的积累。但是由于推进的时间短、内容繁多，我国基本公共服务还存在规模不足、质量不高、发展不平衡等短板，仍处于低水平普及阶段，突出表现在：城乡区域间资源配置不均衡，硬件软件不协调，服务水平差异较大；基层设施不足和利用不够并存，人才短缺严重；一些服务项目存在覆盖盲区，尚未有效惠及全部流动人口和困难群体；体制机制创新滞后，社会力量参与不足。

2020年是全面建成小康社会之年，也是“十三五”收官之年，在《“十三五”推进基本公共服务均等化规划的通知》中“兜住底线，引导预期；统筹资源，促进均等；政府主责，共享发展；完善制度，改革创新”四项指导思想下，统筹推进“五位一体”总体布局和协调推进“四个全面”战略布局，实现了均等化水平稳步提高，标准体系全面建立，保障机制巩固健全和制度规范基本成型的总体目标。下一步通过基本公共服务均等化来协调城乡、区域、群体间的供给水平越发显得重要，因此，制定一套科学合理的监测指标体系和评价标准，不仅是推进基本公共服务均等化的前提和基础，也是考核各级政府工作绩效的重要标准，更有助于管理部门找到问题、调整政策，避免出现偏差。

表 4-1　基本公共服务均等化政策回顾

时间	会议/文件	内　容
2005	中共十六届五中全会	公共服务均等化原则
2006	国家“十一五”规划纲要	从国家层面首次提出基本公共服务均等化概念；按照均等化原则，在财政转移支付、产业扶持方面加大对欠发达地区的支持力度
2006	中共十六届六中全会	强调完善公共财政制度，逐步实现基本公共服务均等化
2007	中共十七大	基本公共服务均等化就是缩小城乡之间、区域之间、不同民族之间发展差距和维护社会安定的制度性手段
2008	中共十七届三中全会	推进城乡基本公共服务均等化，实现城乡、区域协调发展
2010	中共十七届五中全会	逐步建立与我国国情和经济社会发展阶段相适应的、覆盖城乡的、内容完整的基本公共服务体系，推进基本公共服务均等化
2011	国家“十二五”规划纲要	坚持民生优先，推进基本公共服务均等化，让全体公民都能够公平地享受到改革开放的成果
2012	国家基本公共服务体系“十二五”规划	基本公共服务内容和种类进一步扩大；城乡、区域之间基本公共服务水平较为均衡；公民能够方便可及地获得基本公共服务；群众满意成为检验基本公共服务水平的标准
2012	中共十八大	加快形成政府主导、覆盖城乡、可持续、优质的基本公共服务体系，到 2020 年“基本公共服务均等化总体实现”
2013	中共十八届三中全会	要以民生为切入点，以公平可及、群众满意、优质均衡为目标推进基本公共服务均等化
2015	中共十八届五中全会	以保障和改善民生为导向，增强基本公共服务供给的可及性、有效性、多样性和共享共建水平，不断推动基本公共服务均等化

续表

时间	会议/文件	内容
2016	国家“十三五”规划纲要	建立国家基本公共服务清单制度，不断健全和完善基本公共服务体系，促进基本公共服务均等化；满足多样化公共服务需求，让人民群众享受高效便捷优质服务；创新公共服务供给方式，推动供给方式多元化
2017	“十三五”推进基本公共服务均等化规划	按照公共性、普惠性、均等化为目标完善基本公共服务项目和基本标准，提高共建水平和共享能力；提高基本公共服务的方便可及性，大力提升人民群众的公平感、获得感和幸福感
2017	中共十九大	为了满足人民对美好生活的需要，不断完善基本公共服务体系，让全体人民的安全感、幸福感和获得感进一步增强；到2035年基本公共服务要实现均等化
2018	中共中央国务院关于实施乡村振兴战略的意见	伴随乡村振兴战略的全面实施，城乡一体、城乡融合的基本公共服务政策体系将逐步建立，中华人民共和国成立以来长期存在的城乡分割的基本公共服务政策体系格局将彻底被消除
2018	关于建立健全基本公共服务标准体系的指导意见	完善各级各类基本公共服务体系；明确基本公共服务9大领域及其质量要求；创新基本公共服务标准实施机制，实施动态预警监测
2019	中央一号文件	优先安排农村公共服务，推进城乡基本公共服务标准统一、制度并轨，实现从形式上的普惠向实质上的公平转变

二、基本公共服务评价指标的提出和完善

2010年10月，国家标准化管理委员会（以下简称国标委）发布了《公共服务标准化指南（征求意见稿）》，内容包括公共服务标准化的范围、类型、制定、实施以及评价和改进等。这份文件可以看成是在国家层面上为构建公共服务标准化整体性的通用框架做热身准备。

2012年开始，国家层面紧锣密鼓地推出包括两份纲领性文件在内的一系列相关政策，为构建公共服务标准化整体性通用框架奠定基础。两份纲

领性文件包括7月国务院印发的《国家基本公共服务体系“十二五”规划》和8月国标委同国家发改委等27个部委制定的《社会管理和公共服务标准化工作“十二五”行动纲要》。前者提出基本公共教育、劳动就业服务、社会保险、基本社会服务、基本医疗卫生、人口和计划生育、基本住房保障、公共文化体育、残疾人基本公共服务9大方面44类80项基本公共服务项目，突出了保基本、强基层、建机制的保障体系；后者强调大力开展公共教育、就业服务、社会保险、基本社会服务、公共医疗卫生、人口计生、公共基础设施管理与服务、公共文化、公共交通、公共安全以及社会公益科技服务等领域的公共服务标准化研究。

2017年3月，国务院印发《“十三五”推进基本公共服务均等化规划》中提出涵盖公共教育、劳动就业创业、社会保险、医疗卫生、社会服务、住房保障、公共文化体育、残疾人服务等8个领域81个项目，为保障全民基本生存发展需求作出了重要的制度性安排。

2018年12月，国务院办公厅印发的《关于建立健全基本公共服务标准体系的指导意见》，以幼有所育、学有所教、劳有所得、病有所医、老有所养、住有所居、弱有所扶等为统领，提出了涵盖公共教育、劳动就业创业、社会保险、医疗卫生、社会服务、住房保障、公共文化体育、优抚安置、残疾人服务9个领域的国家基本公共服务质量要求，为基本公共服务均等化发展提供了有效指导。

三、基本公共服务指标体系的相关研究综述

科学合理的指标体系是推进基本公共服务均等化的前提和基础，也是考核各政府供给能力、水平、效率的重要标准。关于基本公共服务均等化指标体系的已有研究，着眼于城乡之间和不同层级多个角度，涉及基础教育、基础医疗卫生、公共就业服务、基本社会保障、基础设施、公共安全

等多个领域，指标的设计呈现出从单纯客观指标测量到主客观指标综合测评的发展趋势。

单纯客观指标测量方面，张青（2011）、李振海（2011）等分别通过对比教育、医疗、基础设施等具体指标，相对直观地对比不同地区之间的差距；多指标综合评价方面，通过建立涵盖多个指标的基本公共服务（综合绩效）评估指标体系，利用一定的评价方法将不同指标汇总成一个总指标，通过综合得分来判断基本公共服务均等化程度。其中陈昌盛、蔡跃洲于2007年对我国基本公共服务绩效的基本价值取向进行讨论，将绩效评价体系分为基础教育、公共卫生等8个子系统，每个子系统包含投入、产出和效果3类指标，形成一套包含165个指标的基本公共服务综合评价体系；从公共服务产出的角度，构建包含社会保障、公共安全、公共卫生、基础教育、基础设施、环境保护、科学技术7个方面16个指标的公共服务均等化水平指标体系（安体富、任强，2008）；针对基本公共服务中较为关键的领域，如基础教育、基本医疗卫生、公共就业服务、基本社会保障等，并结合人均GDP、财政收入、居民消费水平等经济社会发展水平，构建基本公共服务均等化水平评价体系（王新民、南锐，2011）；在研究和评价方法方面进行新的尝试，如冯骁、牛叔文、李景满（2014）运用熵值法，构建了3层8项30个指标的基本公共服务评价指标体系，对基本公共服务均等化的影响因素进行相关性分析；中国社科院2011—2018年连续发布的我国公共服务蓝皮书中，在原有客观指标评价的基础上，通过微观调查，纳入主观评价指标——公众满意度，从公众的主观感受角度对地方政府的基本公共服务水平进行评价。

对指标绩效方面的评价主要集中在3个层面：一是度量政府支出的均等化程度，以基本公共服务投入的均等来评价基本公共服务支出的均等。评价的相关指标集中在基础教育支出、公共医疗支出等政府支出项目方面；二是度量地区居民实际享受到的公共服务和产品的均等化程度，即通过基本公共服务产出的均等来测度均等化。相关指标主要是每万人拥有基础教育资源、医疗资源、公共交通和公路密度等；三是通过度量个人获取公共服务后的最终结果，评价个体基本公共服务实际获得效果来代表均等水平。

由于政府对基本公共服务的界定及供给目标是一个不断完善和调整的过程，因此，学界针对相应指标的构建也会随之变动，同时，囿于统计指标或多或少存在不对称，导致评价相关研究也会存在一些不足和缺陷。一是不同指标体系的选取不同，得出省、市、县发展水平和排序有很大差异；二是构建的指标更多的是考虑指标的数据的来源以及可获性，缺乏统筹地反映城乡间、区域间、群体间以及基本公共服务各个方面之间的公平、环境、可持续的数据支持；三是宏观数据较多，而微观数据匮乏，讨论自上而下供给的较多，而从受众角度自下而上讨论供给效果和性价比的较少；四是指标发布和使用脱节，编制出的指数采用率低，社会影响力弱，不便于推动我国基本公共服务均等化评价常态化；五是城乡差异明显，农村基本公共产品供给短缺和公共服务严重不到位的矛盾依然突出，还缺乏一个既考虑城乡差异、又考虑一体化发展、适合目前实际情况的综合指标体系。

第五章　基本公共服务指标构建

一、指标构建依据

本书构建指标在充分借鉴国际上发达国家和地区基本公共服务体系及其评价经验基础上，充分考虑我国国情和各个方面发展的阶段性。

（1）根据对国家“十一五”规划纲要、国家“十二五”规划纲要、国家“十三五”规划纲要、中共十八大报告、中共十九大报告等国家经济社会发展指导性文件精神的研究与分析，为新时代背景下基本公共服务发展的趋势、内容及要求作出科学判断，力求在政策性文件指导下对具体指标的选定及目标值的设定有相对合理的判断，按照《关于建立健全基本公共服务标准体系的指导意见》文件要求的9大领域构建一级指标，以便更好地适应当前发展特征。

（2）依据对《国家基本公共服务体系“十二五”规划》《“十三五”推进基本公共服务均等化规划》《关于建立健全基本公共服务标准体系的指导意见》等国家基本公共服务纲领性文件的深入研究，结合国家经济社会发展指导性文件精神对我国现阶段及今后一段时间内基本公共服务的二级指标、三级指标及其目标值作出初步构建。

（3）以世界发展指标（世行）、经合组织指标（OECD）以及上篇国际经验总结归纳内容为基础，在借鉴国际认可的较高的综合性指标体系内基本公共服务发展要求、内容及要求及发达国家经验的基础上，充分把握我国基本国情，对上述初步构建的二级指标、三级指标及其目标值作出进一步完善和调整，使之一方面能够更好地契合我国当下发展的需求，另一方面也能更好地与国际社会发展接轨。

二、指标构建原则

（1）适应性与时效性原则。一是逐步实现与国际接轨。目前世界各国基本公共服务均等化水平参差不齐，发达国家相对服务水平较高，我国目前经济社会发展总体较好，但仍处在发展中国家行列，人均经济发展水平不高，基本公共服务应逐步从发展中国家向发达国家过渡。因此在基本公共服务监测评价主要指标构建上，一方面充分考虑借鉴发达国家关键性指标，另一方面要考虑国内经济社会发展基本情况，与现实接轨；二是国内发展的适应性。2017 年，党的十九大报告强调，中国特色社会主义进入新时代，我国社会的主要矛盾已经从原来改革开放初期提出的“人民日益增长的物质文化需要同落后的社会生产之间的矛盾”转化为“人民日益增长的美好生活需要和不平衡不充分的发展之间的矛盾”，这意味着目前在我国，在经历了过去 40 年的改革开放，随着经济的快速发展，人民对基本公共服务的需求也发生了变化。2018 年 12 月，中共中央办公厅、国务院办公厅印发了《关于建立健全基本公共服务标准体系的指导意见》（以下简称《指导意见》）。《指导意见》指出以标准化促进基本公共服务均等化、普惠化、便捷化。《指导意见》强调确保基本公共服务覆盖全民、兜住底线、均等享有，到 2035 年，基本公共服务均等化基本实现，现代化水平不断提升。《指导意见》明确国家基本公共服务质量要求，提出幼有所育、学有所教、劳有所得、病有所医、老有所养、住有所居、弱有所扶以及优军服务保障、文体服务保障 9 个方面的具体保障范围和质量要求。这意味着新时代背景下，我国基本公共服务从发展初期的提升覆盖率向提升质量方面发展。因此在基本公共服务监测评价主要指标构建上，既要充分考虑基本公共服务覆盖率指标，也要注重发展质量指标。

（2）统一性与独立性原则。一是《指导意见》涵盖了基本公共服务的公共教育、劳动就业创业、社会保险、医疗卫生、社会服务、住房保障、公共文化体育、优抚安置、残疾人服务 9 个领域。考虑到我国在短期内集中推进 9 大领域基本公共服务事业，时间短任务重，需要充分考虑、适时调整不同时期、不同区域的重点领域及其发展重点的布局。因此，在指标构建时一方面需要将 9 个领域的内容统一起来，便于进行综合分析研究，另一方面又要考虑 9 个领域各自的独立性，便于进行每个领域的独立分析研究。二是指标要保证基本公共服务在数量与质量、投入与产出、不同地区、不同人群之间的统一和相互独立。三是尽可能避免同一要素分析原始数据量化指标之间的相关性，降低独立分析指标间的相互干扰。

（3）全面性与简便性原则。根据《指导意见》提出的基本公共服务的 9 个领域及其重点任务，在指标构建时尽可能全面涵盖每个领域的重点任务，同时考虑到数据可获得的便捷程度、可获得的程度以及区域间的可比程度，尽可能简化地选取典型指标，强调简便性。

（4）客观性与差异性原则。一方面所选指标客观公平有助于促进基本公共服务均等化发展趋势，另一方面需要结合不同地区、不同人群之间的差异性，结合不同地区的消费指数、价格指数，不同人群的收入水平等进行差异化处理。

（5）总量与均量选取原则。由于基本公共服务均等化研究主要针对人，因此在指标选取和计算方面以均量指标为主，总量指标为辅。

（6）准确性原则。保证指标的准确性是指标构建的基本要求，其主要取决于指标选择、权重确定及参考值确定，同时需要多次的模拟实验或验证，经过对指标的权重及参考值的反复确认，使得整个系统的单一指标评价、组合指标评价和综合评价趋于稳定。

三、指标构建

（一）指标构建

依据《指导意见》和指标构建原则，本书的指标体系中，一级指标完全按照国家基本公共服务保障范围和质量要求，建立幼有所育、学有所教、劳有所得、病有所医、老有所养、住有所居、弱有所扶以及优军服务保障、文体服务保障 9 个方面指标，同时这 9 个方面也涵盖了基本公共教育、基本劳动就业创业、基本社会保险、基本医疗卫生、基本社会服务、基本住房保障、基本公共文化体育、残疾人基本公共服务 8 个基本公共服务供给类别；各一级指标下又包括 20 个二级指标和 56 个三级指标。在三级指标中，正向指标 49 个，逆向指标 7 个。详细指标说明如表 5-1 所示。

1. 幼有所育

幼有所育是指家庭、社会、幼儿园联手，为学龄前儿童提供生活照护、情感认知、事理学习、能力培育与行为规范等方面的支持。2016 年 8 月，习近平总书记在全国卫生与健康大会上的讲话提出："要重视少年儿童健康，全面加强幼儿园、中小学的卫生与健康工作，加强健康知识宣传力度，提高学生主动防病意识，有针对性地实施贫困地区学生营养餐或营养包行动，保障生长发育。"① 常规上，幼有所育主要包含婴幼儿健康和教育两方面内容，其中，幼儿教育方面的内容纳入学有所教部分进行指标构建与测评，这里的幼有所育集中在考量婴幼儿健康成长方面。从基本公共服务以关爱婴幼儿健康视角出发，幼有所育分为优生优育、儿童健康和儿童关爱服务 3 个方面的二级指标。其中：优生优育服务以

① 央广网北京 8 月 21 日消息．习近平出席全国卫生与健康大会并发表重要讲话［EB/OL］．（2016－08－21）［2021－07－06］．http：//china.cnr.cn/news/20160821/t20160821_523044689.shtml.

孕产妇系统管理率、孕产妇产后访视率和孕产妇死亡率3个三级指标进行衡量；儿童健康服务以7岁以下儿童健康管理率和5岁以下儿童低体重患病率2个三级指标衡量；儿童关爱服务则以新生儿视访率1个三级指标为衡量标准。

2. 学有所教

学有所教是基本公共服务最为关键的一项工作，重点关注发展教育，促进教育公平，坚持基础教育的公益性和普惠性，明确各级政府提供教育公共服务的职责，不断完善现代国民教育体系和终身教育体系，保障人民享有接受良好教育的机会。促进义务教育均衡发展，健全学生资助制度，保障经济困难家庭、进城务工人员子女平等接受义务教育，在二级指标的选择上，重点区分不同类别、不同教育阶段基本公共服务功能和职责，包含学前教育助学、义务教育、普通高中助学及中等职业教育助学服务4个二级指标。在三级指标的选取方面，一方面重点考虑投入、质量和效果、各类人群的普惠性等方面；另一方面为消除地区间价格因素干扰，选取有代表性的物化投入来替代一般的资金投入总量指标。基于上述指标选取原则，学前教育助学服务包含公办幼儿园占比和学前教育毛入园率2个三级指标；义务教育服务包含九年义务教育巩固率、初中升学率、九年义务教育师生比3个三级指标；普通高中助学服务包含普通高中师生比、普通高中家庭困难学生受资助占比2个三级指标；中等职业教育助学服务包含中等职业教育师生比、中等职业教育免学费学生比重、中等职业教育毕业生获得职业资格证书3个三级指标。

3. 劳有所得

基于基本公共服务视角，劳有所得就是要坚持实施扩大就业的发展战略，千方百计为劳动者创造就业机会、提供就业岗位，及时帮助零就业家庭解决就业困难，使所有有劳动能力和就业愿望的劳动者都能实现就业，使更多劳动者成为创业者，都能按照他们的贡献获得合理的劳动报酬。

“劳动是一切成功的必经之路”。劳有所得，劳动收获幸福、劳动促进社会发展、劳动是实现中国梦的坚实保障。党的十八大以来，习近平总书记在多个场合表达过对劳动的尊重、对劳动者的关心。习近平总书记在党的十九大报告中指出：“要坚持就业优先战略和积极就业政策，实现更高质量和更充分就业”①，就业是最大民生基础，人们不仅希望能就业，更希望就好业，期盼有更稳定的工作、更满意的收入。基于党的十九大报告提出的总体目标，“劳有所得”重点要关注五个方面内容：一是创造更多就业岗位，特别是高质量的就业岗位；二是大规模开展职业技能培训以提高劳动者就业能力和转换岗位能力；三是继续坚持创业带动就业；四是维护劳动者权益，特别是平等的就业制度；五是提供优质高效的就业服务。从基本公共服务均等化的视角出发，劳有所得着重关注两方面内容，一是促进就业创业，二是社会保障及服务。这里，考虑指标代表性和可获得性等因素，我们以就业创业服务和工伤失业保险服务 2 个二级指标作为衡量指标，其中，就业创业服务包含接受职业指导人数占登记求职人数比重、接受创业服务人数占登记就业人数比重、行政村配备劳动就业和社会保障工作人员覆盖率 3 个三级指标；工伤失业保险服务包含失业保险参保率、工伤保险参保率和劳动人事争议仲裁结案率 3 个三级指标。

4. 病有所医

改革开放以来，我国卫生与健康事业加快发展，医疗卫生服务体系不断完善，基本公共卫生服务均等化水平稳步提高，公共卫生和医疗保障供给能力整体实力上了一个大台阶。总体上看，病有所医的出发点是坚持公共医疗卫生的公益性质，建设覆盖城乡居民的公共卫生服务体系、医疗服务体系、医疗保障体系、药品供应保障体系，为群众提供安全、有效、方

---

① 新华社北京 10 月 27 日电．习近平：决胜全面建成小康社会 夺取新时代中国特色社会主义伟大胜利——在中国共产党第十九次全国代表大会上的报告［EB/OL］．（2017-10-27）［2021-07-06］．http：//www.gov.cn/zhuanti/2017-10/27/content_ 5234876.htm.

便、价廉的医疗卫生服务，尽量降低因病致贫、因病返贫发生率，因此，病有所医方面的基本公共服务供给主要应着眼于提升公共卫生服务和医疗保险服务两个方面。因此，测量基本公共服务均等化关于病有所医方面的主要选择为公共卫生服务和医疗保险服务 2 个二级指标。其中：公共卫生服务包含了测度保障能力、供给能力、供给水平、涵盖范围等方面的 6 个三级指标，即每千人口医疗卫生机构床位数、每千人口医疗卫生机构执业医师数、甲乙类传染病报告发病率、每万人 ICU 床位数、食品质量检测合格率、城市生活垃圾无害化处理率，其中每万人 ICU 床位数为应对重大突发疫情新增加核心指标；另一个二级指标——医疗保险服务包含了 3 个三级指标，即医疗保险参保率、大病医疗费用报销比例、城乡居民基本医疗保险年人均实际财政补助金额。

5. *老有所养*

老有所养的总体目标是加快建立覆盖城乡居民的社会保障体系，促进企业、机关、事业单位基本养老保险制度改革，探索建立农村养老保险制度，加强老龄工作，发展老年社会福利事业，使所有老年人都能够分享发展成果，幸福地安度晚年。基于公共产品供给能力和均等化的角度，对老有所养的测度重点基于以下两个方面：一是基本保障老年人生活必需的经济、物质生活条件；二是在老年人日趋衰老或因病痛生活不能自理时，能够得到社会或家庭的有效帮助和照顾。目前，发达国家和地区，一般都普及了老年社会保险制度，养老费用及对老年人的照顾主要由社会承担，因而老有所养主要是通过社会来实现。因此，本书设立老有所养应包含养老助老服务、养老保险服务 2 个二级指标。养老助老服务包含农村居民最低生活保障平均标准、每千老年人口养老床位数、每万人拥有社会工作专业人才数 3 个三级指标；养老保险服务包含 2 个三级指标，即养老保险参保率、企业退休人员人均基本养老金。

6. 住有所居

政府公共服务的一项重要职责是健全廉租住房制度，加快中低价位普通居民住宅建设，逐步改善住房困难群众的居住条件。住有所居的出发点是通过解决困难人群的住房问题以改善民生，因此，从基本公共服务均等化角度看，住有所居重点目标集中在公租房及廉租房保障、城镇棚户区改造和农村危房改造等几个方面。其中，城镇棚户区改造和农村危房改造属于阶段性基本公共服务供给，随着全面小康社会的建成，城镇棚户区改造和农村危房改造工作会逐步完成；同时，由于我国地域辽阔，南北房屋建设标准和结构都存在较大差异，加之地域间经济社会发展水平差异也很大，城镇棚户区改造和农村危房改造难以找到较为统一的、具有可比性的数据指标，因此，本书仅将其作为监测指标，不作为评价指标。由此，住有所居只包含公租房和住房改造服务 1 个二级指标，其中包含年人均住房保障财政支出、公共租赁住房（廉租住房）实物保障户数（在保）占登记需要保障户数比例以及公租住房租赁补贴户数（在保）占登记需要保障户数比例、城镇棚户区住房改造占登记需要改造户数比例、农村危房改造竣工户数占登记需要改造户数比例 5 个三级评价指标。

7. 弱有所扶

党的十九大报告中首次提出“弱有所扶”概念，进一步丰富了保障和改善民生的内涵，更精准、更全面地补齐了民生“短板”，反映出党和政府一贯的多谋民生之利、多解民生之忧之情怀。“弱有所扶”中的“弱”，广义上涵盖了社会中各类处于生活窘迫和发展困境的群体。改革开放以来，国家长期关注困难群体，特别是其中的绝对贫困群体，随着社会经济不断发展，国家不断提高贫困线标准，扩大扶助对象和范围，将社会中各类处于生活窘境和发展困境的群体纳入保障和改善民生的对象范围。从社会群体方面看，困难群体主要集中在绝对贫困人口和残疾人群体，随着我国 2020 年精准脱贫政策落实圆满收官及乡村振兴战略的全面实施，绝对贫困人口社会保障已全面覆盖，因此未来一段时间，基本公共服务均等化在弱有所扶方面得以实现，重点目标更趋向于差异化对象的供给，即主要集中在残疾人群体。过去 5 年，我国共帮助 440 多万农村贫困残疾人脱贫，扶持 100 万城镇残疾人就业，困难残疾人生活补贴和重度残疾人护理补贴制度惠及 2000 多万残疾人，1500 多万人次残疾人得到康复服务，越来越多的残疾人过上了有尊严的生活。帮扶困难群体，一方面要全面完善救助保障制度，稳步提升救助保障水平，不断规范救助保障管理工作，另一方面也要提高救助对象识别的准确性，做到精准救助，应保尽保；在促进困难群体的社会参与度方面，能力拓展有助于困难群体社会参与和社会竞争能力提高的服务项目，挖掘其发展潜力，由“他助”转换成“自助”，使困难群体依靠自己的力量解决问题，最终融入社会发展之中；社会救助手段方面，在提供物质救助的同时，也要促进向生活照料、精神慰藉、心理疏导、能力提升和社会融入相结合的综合援助过渡，以实现社会救助方式的多样化、组合化、专业化和个性化，最大限度发挥社会救助的综合效用。综上，在弱有所扶评价指标构建方面应主要考虑残疾人群体基本公共服务的差异。弱有所扶包含社会救助服务、公共法律服务、扶残助残服务 3 个二级指标。其中，社会救助服务包含 3 个三级指标，即地级市残疾人康复设施覆盖率、特殊教育学校师生比、残疾人文化活动参与率；公共法律服务包含残疾人公共法律服务覆盖率 1 个三级指标；扶残助残服务含每十万人口康复专业人才数、残疾人基本康复服务覆盖率 2 个三级指标。

8. 优军优抚服务

2018 年 12 月 31 日，习近平总书记在新年贺词中说：“要关爱退役军人，他们为保家卫国作出了贡献。”① 2019 年新年伊始，习近平总书记又作出重要批示：“各级党委政府要高度重视建立健全退役军人服务保障体

① 新华社北京 12 月 31 日电．国家主席习近平发表二〇一九年新年贺词［EB/OL］（2018-12-31）［2021-07-06］．http：//www. xinhuanet. com/politics/2018-12/31/c1123931806. htm.

系，尽快推进这项工作，努力做到全覆盖，实现有机构、有编制、有人员、有经费、有保障。”① 基于此，优军优抚服务主要集中在退役军人安置和抚恤两个方面。其二级指标只包含优军优抚服务 1 项，包含优抚对象年均抚恤水平、复员退伍军人安置率 2 个三级指标。

9. 文化体育保障

2017 年 3 月 1 日起，《中华人民共和国公共文化服务保障法》正式落地施行。《中华人民共和国公共文化服务保障法》是为加强公共文化服务体系建设，丰富人民群众精神文化生活，传承中华优秀传统文化，弘扬社会主义核心价值观，增强文化自信，促进中国特色社会主义文化繁荣发展，提高全民族文明素质制定的。党的十八届四中全会明确提出，制定公共文化服务保障法，就是为了促进基本公共文化服务标准化、均等化。狭义角度公共文化服务主要包含公共文化服务和公共体育服务两个方面，分别对应民族文明素质和体能素质的全面提高，因此，文化体育保障包含公共文化服务、公共体育服务 2 个二级指标。其中，公共文化服务包含每万人口拥有公共文化设施建筑面积、人均图书馆流通次数、人均参观博物馆人次数、电视人口综合覆盖率、国民综合阅读率 5 个三级指标；公共体育服务包含人均拥有体育场地面积、每万人经常参加体育锻炼人数 2 个三级指标。

基于上述阐述，本书初步构建了基本公共服务均等化评价指标体系。但是，由于现实情况中部分指标数据不可获得和时代特征不明显等因素，表 5-1 中所涉猎的指标数据并不能完全纳入后面的数据计算和分析过程。但考虑到目前是基本公共服务指标体系初建时期，随着社会经济不断发展，以及政府和学界对基本公共服务供给内容和方式方法的不断完善，统

① 何晨，谢快生．来自红土地的报告——江西省贯彻落实习近平总书记关于退役军人服务保障体系建设批示情况纪实［EB/OL］．（2019-12-17）［2021-07-06］．http：/military.people.com.cn/n1/2019/1217/c1011-31509983.html？from=single message & isappinstalled=0.

计数据也会进一步细化和调整，部分缺失或现在没有纳入分析体系的指标或许在今后基本公共服务监测和评价中按需求逐步纳入，这里将上述所有应考虑的指标都罗列出来（见表5-1）。

依据表中所列数据，本书通过收集、整理、归纳国家统计局、国家卫生健康委员会、民政部、教育部、人力资源和社会保障部、国家医疗保障局、住房和城乡建设部、中国残疾人联合会、文化和旅游部、国家广播电视总局等多家单位数据信息，剔除了部分没有数据的指标，不计入后续的计算和分析。详细如表5-1说明，这些指标包括残疾人公共法律服务覆盖率和公共体育服务2个二级指标，11个三级指标（九年义务教育巩固率、普通高中家庭困难学生受资助占比、每万人ICU床位数、食品质量检测合格率、城镇棚户区住房改造占登记需要改造户数比例、农村危房改造竣工户数占登记需要改造户数比例、残疾人公共法律服务覆盖率、复员退伍军人安置率、国民综合阅读率、人均拥有体育场地面积、每万人经常参加体育锻炼人数）。最终应用于本书数据计算和分析实际评价的一级指标9个，二级指标18个，三级指标41个。其中由于初选指标没有数据，找到替代指标3个，即学前教育毛入园率用小学学龄儿童净入学率替代，公共租赁住房（廉租住房）实物保障户数（在保）占登记需要保障户数比例用公共租赁住房（廉租住房）实物保障户数（在保）替代、公租住房租赁补贴户数（在保）占登记需要保障户数比例用累计建成公共租赁住房（廉租住房）套数替代。

（二）目标值确定

1. 依据及原则。对于基本公共服务三级指标中长期发展目标值的确定（见表5-1），主要依据来源参考了联合国千年发展目标（MDGs）、“十三五”发展规划纲要发展目标、全面建成小康社会目标、乡村振兴战略目标以及各部委专项规划中长期发展目标等相关要求，同时结合我国新时代基本公共服务发展趋势和基本国情、发达国家基本经验，在上述基础上确

表 5-1　基本公共服务均等化主要监测评价指标

保障范围和质量要求	二级指标	三级指标	属性	目标值	权重	基本公共服务供给类别*	数据来源部门
幼有所育	1. 优生优育服务	孕产妇系统管理率（%）	正向	100	0.017325	4	卫健委
		孕产妇产后访视率（%）	正向	100	0.014175	4	卫健委
		孕产妇死亡率（1/10万）	逆向	≤12	0.01215	4	卫健委
	2. 儿童健康服务	7岁以下儿童健康管理率（%）	正向	100	0.01575	4	卫健委
		5岁以下儿童低体重患病率（%）	逆向	≤0.2	0.01575	4	卫健委
	3. 儿童关爱服务	新生儿视访率（%）	正向	100	0.01485	5	民政部
学有所教	4. 学前教育助学服务	公办幼儿园占比（%）	正向	100	0.016	1	教育部
		学前教育毛入园率（%）	正向	100	0.016	1	教育部
	5. 义务教育服务	九年义务教育巩固率（%）	正向	–	0	1	无
		初中升学率（%）	正向	100	0.024	1	教育部
		九年义务教育师生比（教师人数=1）	逆向	≤20	0.024	1	教育部
	6. 普通高中助学服务	普通高中师生比（教师人数=1）	逆向	≤20	0.048	1	教育部
		普通高中家庭困难学生受资助占比（%）	正向	–	0	1	无
	7. 中等职业教育助学服务	中等职业教育师生比（教师人数=1）	逆向	≤20	0.0096	1	教育部
		中等职业教育免学费学生比重（%）	正向	100	0.0096	1	教育部

续表

保障范围和质量要求	二级指标	三级指标	属性	目标值	权重	基本公共服务供给类别*	数据来源部门
学有所教	7. 中等职业教育助学服务	中等职业教育毕业生获得职业资格证书率（%）	正向	100	0.0128	1	教育部
劳有所得	8. 就业创业服务	接受职业指导人数占登记求职人数比重（%）	正向	100	0.0234	2	人社部
		接受创业服务人数占登记就业人数比重（%）	正向	100	0.0312	2	人社部
		行政村配备劳动就业和社会保障工作人员覆盖率（%）	正向	100	0.0234	2	人社部
	9. 工伤失业保险服务	失业保险参保率（%）	正向	-	0	3	无
		工伤保险参保率（%）	正向	-	0	3	无
		劳动人事争议仲裁结案率（%）	正向	100	0.052	3	人社部
病有所医	10. 公共卫生服务	每千人口医疗卫生机构床位数（个）	正向	≥6	0.021	4	卫健委
		每千人口医疗卫生机构执业医师数（人）	正向	≥3	0.021	4	卫健委
		甲乙类传染病报告发病率（1/10万）	逆向	≤120	0.021	4	卫健委
		每万人ICU床位数（个）	正向	-	0	4	无
		食品质量检测合格率（%）	正向	-	0	4	无
		城市生活垃圾无害化处理率（%）	正向	100	0.021	6	卫健委

续表

保障范围和质量要求	二级指标	三级指标	属性	目标值	权重	基本公共服务供给类别*	数据来源部门
病有所医	11. 医疗保险服务	医疗保险参保率（%）	正向	100	0.028	3	医保局
		大病医疗费用报销比例（%）	正向	–	0	3	无
		城乡居民基本医疗保险年人均实际财政补助金额（元）	正向	max	0.028	3	医保局
老有所养	12. 养老助老服务	农村居民最低生活保障平均标准（元/人·年）	正向	max	0.0195	5	民政部
		每千老年人口养老床位数（个）	正向	≥35	0.02275	5	民政部
		每万人拥有社会工作专业人才数（人）	正向	≥8	0.02275	5	民政部
	13. 养老保险服务	养老保险参保率（%）	正向	–	0	3	无
		企业退休人员人均基本养老金（元/月）	正向	max	0.065	3	民政部
住有所居	14. 公租房和住房改造服务	年人均住房保障财政支出（元/人）	正向	max	0.04	6	住建部
		公共租赁住房（廉租住房）实物保障户数（在保）占登记需要保障户数比例（%）	正向	max	0.025	6	住建部
		公租住房租赁补贴户数（在保）占登记需要保障户数比例（%）	正向	max	0.025	6	住建部
		城镇棚户区住房改造占登记需要改造户数比例（%）	正向	–	0	6	无
		农村危房改造竣工户数占登记需要改造户数比例（%）	正向	–	0	6	无

续表

保障范围和质量要求	二级指标	三级指标	属性	目标值	权重	基本公共服务供给类别*	数据来源部门
弱有所扶	15. 社会救助服务	地级市残疾人康复设施覆盖率（%）	正向	100	0.0135	5	残联
		特殊教育学校师生比（教师人数=1）	逆向	≤3	0.018	5	残联
		残疾人文化活动参与率（%）	正向	100	0.0135	5	残联
	16. 公共法律服务	残疾人公共法律服务覆盖率（%）	正向	–	0	5	无
	17. 扶残助残服务	每十万人口康复专业人才数（人）	正向	≥10	0.0225	8	残联
		残疾人基本康复服务覆盖率（%）	正向	100	0.0225	8	残联
优军优抚服务	18. 优军优抚服务	优抚对象年均抚恤水平（元/人）	正向	max	0.07	5	民政部
		复员退伍军人安置率（%）	正向	–	0	5	无
文化体育保障	19. 公共文化服务	每万人口拥有公共文化设施建筑面积（平方米）	正向	≥450	0.04	7	文旅部
		人均图书馆流通次数（次）	正向	≥0.8	0.02	7	文旅部
		人均参观博物馆人次数（次）	正向	≥1.0	0.02	7	文旅部
		电视人口综合覆盖率（%）	正向	100	0.02	7	广电总局
		国民综合阅读率（%）	正向	–	0	7	无
	20. 公共体育服务	人均拥有体育场地面积（平方米）	正向	–	0	7	无
		每万人经常参加体育锻炼人数（次）	正向	–	0	7	无

*基本公共服务供给类别（8类）：1. 基本公共教育、2. 基本劳动就业创业、3. 基本社会保险、4. 基本医疗卫生、5. 基本社会服务、6. 基本住房保障、7. 基本公共文化体育、8. 残疾人基本公共服务。

定。其中，大部分指标目标值的确定与以上目标要求保持一致，个别指标的目标值结合了我国中长期发展要求以及发达国家基本经验，提出相对较高的目标值。另外，对于部分指标数据不可获得和时代特征不明显的没有纳入这次计算评价的指标，不作出目标值的确定。

2. 正向单一增量百分比满值指标。该类指标主要涉及覆盖率、管理率、参与率及比重等类型指标，主要包括：孕产妇系统管理率、孕产妇产后访视率、7 岁以下儿童健康管理率、新生儿视访率、公办幼儿园占比、学前教育毛入园率、初中升学率、中等职业教育免学费学生比重、中等职业教育毕业生获得职业资格证书率、接受职业指导人数占登记求职人数比重、接受创业服务人数占登记就业人数比重、行政村配备劳动就业和社会保障工作人员覆盖率、劳动人事争议仲裁结案率、城市生活垃圾无害化处理率、医疗保险参保率、地级市残疾人康复设施覆盖率、残疾人文化活动参与率、残疾人基本康复服务覆盖率、电视人口综合覆盖率 19 个三级指标，其目标值确定为 100，一般来说，数值含义为越高越好。其中：

公办幼儿园占比，目前教育部提出的规划要求是到 2020 年普惠性幼儿园覆盖率（公办园和普惠性民办园在园幼儿占比）达到 80%，公办园和公办园在园幼儿占比原则上达到总数的 50%。到 2035 年，全面普及学前三年教育，形成完善的学前教育管理体制、办园体制和政策保障体系，建成覆盖城乡、布局合理、安全优质的学前教育公共服务体系。结合我国基本公共服务中长期发展要求，其目标值确定为 100%相对较高。

中等职业教育免学费学生比重，《国家中长期教育改革和发展规划纲要（2010—2020 年）》有关要求从 2012 年秋季学期起，对公办中等职业学校全日制正式学籍一、二、三年级在校生中所有农村（含县镇）学生、城市涉农专业学生和家庭经济困难学生免除学费（艺术类相关表演专业学生除外）。对在职业教育行政管理部门依法批准、符合国家标准的民办中等职业学校就读的一、二年级符合免学费政策条件的学生，按照当地同类型同专业公办中等职业学校免除学费标准给予补助。民办中等职业学校经批准的学费标准高于补助的部分，学校可以按规定继续向学生收取。但项目专家组通过对发达国家的经验借鉴，结合我国中等职业教育的现状和技工人才的短缺现状，确定其中长期目标值为100，相对高于现行政策要求。

残疾人文化活动参与率，该指标目标值确定为100从实践意义上相对过高，且不具有实践意义，主要因为残疾人群体总存在一定数量的重度残疾人口无法参与文化活动，但其具体数量统计存在较大难度，将其确定为100在理论计算上将数值标准化后并不影响其评价结果。

3. 正向单一增量最值指标。该类指标主要为数值增量指标，在国际和国内均有不同阶段不同发展目标，主要包括：人均图书馆流通次数、人均参观博物馆人次数、每十万人口康复专业人才数、每千人口医疗卫生机构执业医师数、每千老年人口养老床位数、每万人口拥有公共文化设施建筑面积、每千人口医疗卫生机构床位数、每万人拥有社会工作专业人才数8个指标。其中：

人均图书馆流通次数，该指标世界各国差异性较大，近几年部分国家该指标出现下降趋势，我国近几年该指标呈现缓慢上升趋势，全国平均水平达到0.59，其中最好的为浙江2.07、上海1.25、江苏1.01，较低的为青海0.26、贵州0.25、新疆0.23、西藏0.10，中位数为山东0.46，结合我国中长期文化服务要求，将其目标值确定为≥0.80。

人均参观博物馆人次数，该指标近几年世界各国均呈现上升趋势，我国2018年平均水平为0.75，最好的为陕西1.74、中位数为山西0.68、最低为西藏0.06，结合我国现有博物馆数量及承纳能力，专家组将其短期目标值确定为≥1。

每十万人口康复专业人才数，该指标世界各国差异性也较大，其中丹麦为74，而意大利仅为0.56，2018年我国平均水平为13.20，相对我国发展水平居于世界发展前列，结合专业发展趋势以及国情，专家组确定了近期相对目标值≥10。

每千人口医疗卫生机构执业医师数，2018 年我国该指标达到 2. 59，相对我国发展水平居于世界发展前列，专家组确定了近期相对目标值≥3。

每千老年人口养老床位数，根据《民政事业发展第十三个五年规划》提出的“到 2020 年每千名老年人口拥有养老床位数达到 35 至 40 张”目标，专家组将其目标值确定为≥35。

每万人口拥有公共文化设施建筑面积，2018 年我国平均水平为 306. 9，结合中长期公共文化服务要求，专家组确定其目标值为≥450。

每千人口医疗卫生机构床位数，《全国医疗卫生服务体系规划纲要（2015—2020 年）》要求，到 2020 年，我国每千人口床位数达到 6 张，这是我国首次对医疗机构发展床位规模提出了量化指标。相对我国发展现状和实际情况，专家组确定了近期目标值≥6。

每万人拥有社会工作专业人才数，该指标在我国各地区发展差异性较大，2018 年全国平均水平 3. 15，其中北京 14. 99，西藏 0. 13，结合国内实际情况，专家组确定其目标值为≥8。

4. 逆向单一减量指标。该类指标主要为发病率和师生比指标，主要包括：5 岁以下儿童低体重患病率、孕产妇死亡率、甲乙类传染病报告发病率、九年义务教育师生比、普通高中师生比、中等职业教育师生比、特殊教育学校师生比 7 个指标。其中：

5 岁以下儿童低体重患病率，2011 年国务院颁布了《中国儿童发展纲要（2011—2020 年）》，提出 5 岁以下儿童低体重患病率为 4%，结合目前我国各区域能够达到的最高水平（2018 年北京为 0. 20），将其中长期目标值确定为≤0. 20。

孕产妇死亡率，发展中国家的孕产妇死亡率是每 10 万例 290 人，而发达国家则为每 10 万例 14 人。国家之间的差距很大，一些国家的孕产妇死亡率极高，每10万例多达1000人或以上。各国国内的高收入者和低收入者之间以及城乡居民间的差距也很大。改善孕产妇健康是国际社会于2000年通过的八个千年发展目标中的一个。根据千年发展目标5，确定其目标值为≤12。

甲乙类传染病报告发病率，该指标2018年我国平均水平为220.51‰，其中最高水平江苏113.50‰、最低水平新疆659.75‰，结合国内实际情况，其目标值确定为≤120‰。

九年义务教育师生比、普通高中师生比、中等职业教育师生比、特殊教育学校师生比在国家行业部门发展规划已有明确目标要求，依据其依次确定为：九年义务教育师生比≤20、普通高中师生比≤20、中等职业教育师生比≤20、特殊教育学校师生比≤3。

5. 正向绝对值指标。该类指标主要为公共财政支出或补助金额，其评价为正向指标，但其逐年变化呈现增减双向，并非单一增量指标，主要包括：城乡居民基本医疗保险年人均实际财政补助金额、农村居民最低生活保障平均标准、企业退休人员人均基本养老金、年人均住房保障财政支出、公共租赁住房（廉租住房）实物保障户数（在保）占登记需要保障户数比例、公租住房租赁补贴户数（在保）占登记需要保障户数比例、优抚对象年均抚恤水平7个三级指标。鉴于该类指标的属性，严格意义上不存在目标值，但由于其为正向指标，评价时采用其评价时间段最大值为参考标准值。

（三）权重确定

课题组运用层次分析法（Analytic Hierarchy Process，AHP）对基本公共服务评价监测指标进行权重确定。AHP是美国运筹学家T. L. Saaty教授于20世纪70年代初期提出的一种简便、灵活而又实用的多准则决策方法，是对一些较为复杂、较为模糊的问题作出决策的简易方法，它特别适用于那些难于完全定量分析的问题。

在进行社会、经济等领域问题的系统分析中，我们常常面临的是一个相互关联、相互制约的众多因素构成且缺少定量数据的系统。层次分析法为这类问题的决策和排序提供了一种新的、简洁而实用的建模方法，因此AHP适用于具有复杂性和多变性的基本公共服务评价监测指标进行权重确定。

运用层次分析法建模，大体上可按下面4个步骤进行：(1) 建立递阶层次结构模型；(2) 构造出各层次中的所有判断矩阵；(3) 层次单排序及一致性检验；(4) 层次总排序及一致性检验。其最终权重确定数值见表5-1。

第六章　基本公共服务综合评价与均等化测量方法

本书通过构建包括基础公共教育、基本劳动就业创业、基本社会保险、基本医疗卫生、基本社会服务、优抚安置、基本住房保障、基本公共文化体育、残疾人基本公共服务 9 个方面的指标体系，依据国家统计局社会科技和文化产业统计司、国家发展和改革委员会社会发展司编著的《国家基本公共服务统计概览（2019）》公布的数据为基础，结合《中国统计年鉴》相关数据，对全国 31 个省、自治区、直辖市基本公共服务均等化进行评价。对基本公共服务均等化评价，首先要利用评价指标体系测算出反映基本公共服务发展程度的指数；再利用指数的变异程度来评价其均等化水平。基本公共服务均等化又可以从两个方面来分析，一方面是综合供给能力的均等化水平，另一方面是各个维度的均等化水平。

一、综合评价方法

综合评价的研究对象通常是自然、社会、经济等领域中的同类事物或同一事物在不同时期的表现，具体的综合评价一般表现为以下几类问题：第一类对所研究事物进行分类，把多个事物中具有相同或相近属性的事物归为一类，有利于对客观事物进行科学的管理；第二类综合评价问题表现为对上述分类的序化，即在第一类问题的基础上对各小类优劣排出顺序；第三类综合评价问题表现为对某一事物作出整体评价。当然也必须有参考系，否则无法作出评价。

多指标综合评价方法，即把反映被评价事物的多个指标信息综合起来，得到一个综合指标，由此来反映被评价事物的整体情况，并进行横向和纵向的比较，这既有全面性又有综合性。综合评价方法很多，如何辨别不同方法对不同问题的优劣，如何衡量综合评价结果的客观性，这对如何选用适合方法对基础公共服务均等化进行评价提出了挑战。首先，当前国内外关于基础公共服务均等化评价的研究较为匮乏，没有一个统一的规范作为指导，这也决定了本书属于探索性的研究；其次，确定评价目标，仅针对当年的一个水平评价，还是需要满足纵向可比较，基于目标选择适合的评价方法；再次，如何确定指标权重；最后，评价标准设定，一方面既涉及综合指标的评价标准，也涉及评价结果如何解释；另一方面如何确定指标参照标准，如何无量纲化，以下介绍几种在定量指标下常用的综合评价方法。

（一）多维度方法——HDI

若要实现综合评价指标在纵向和横向上均有可比性，且在一定程度上体现基本公共服务发展程度，同时实现各维度分解，人类发展指数（HDI）计算思路可借鉴于本书。人类发展指数基于健康长寿、知识和体面生活三个维度测度一个国家平均进展（三个维度等权重），具体计算方法如下：

HDI = 1/3（预期寿命指数）+1/3（教育指数）+1/3（GDP 指数）

其中，预期寿命指数用于测度一个国家在出生时预期寿命方面所取得的相对成就。阈值设定方面：25 为极小值，85 为极大值，具体计算公式如下：

$$预期寿命指数=\frac{age-25}{85-25}$$

教育指数衡量的是一个国家在成人识字及小学、中学、大学综合毛入学率两方面所取得的相对成就。阈值设定方面：0%为极小值，100%为极大值，具体计算公式如下：

$$成人识字指数=\frac{x-0\%}{100\%-0\%}$$

$$毛入学指数=\frac{r-0\%}{100\%-0\%}$$

教育指数=2/3（成人识字指数）+1/3（毛入学指数）

GDP 指数用按美元购买力平价的人均国内生产总值计算，在 HDI 中，收入作为未被健康长寿和知识反映的所有人类发展维度的代用指标。然而，取得状况良好的人类发展并不需要无限多的投入，所以对收入进行了调整，并相应采用了收入的对数。阈值方面：100 美元为最小值，40000 美元为最大值，具体计算公式如下：

$$GDP\ 指数=\frac{\log(y)-\log(100)}{\log(40000)-\log(100)}$$

但该方法存在两个方面的不确定性，一是如何为各指标赋权，二是各指标的阈值如何确定，两方面问题相比较来看，权重的确定更为困难。从指标的区分对象能力来考虑，综合评价就是将评价对象加以区分，并排出先后的次序，所以一个指标从区别这些对象的性质来看，重要性强的指标就应该赋予较大的权重，重要性弱的就赋予较小权重，常用的方法可以概括为两类：一类是主观赋权方法，基于专家长期实践中对事物的理解，方法包括德尔菲法（对指标直接评分）、相邻指标比较法（对指标排序）；另一类是客观赋权方法，从指标的统计性质出发，不需要征求专家的意见，由数据本身出发计算出权重，如用方差的倒数、变异系数、复相关系数倒数作为权重。

（二）降维方法

利用降维的思想，用少数变量来代表所有的变量，用来解释所要研究的问题，就能化繁为简，抓住关键，方法包括因子分析方法、主成分分析法、聚类分析法等。利用降维方法可以很好地反映出各地区基本公共服务相对排序的变化，但对既定维度的分解受到指标体系选取的制约，且对样本数及数据质量要求较高。

（三）灰色关联度分析方法

灰色关联度分析法是对不同系统之间的因素，其随时间或不同对象而变化的关联性大小的度量，是根据因素之间发展趋势的相似或相依程度，来衡量因素间关联程度的一种方法。作为一个发展变化的系统，关联度分析事实上是动态过程发展态势的量化分析，即发展态势的量化比较分析。基本公共服务均等化评价指标体系是一个多层次系统，由于存在部分信息确知、部分信息未知，本质上属于灰色系统，因此，灰色关联度分析法在评价方面有一定优势，既可以对综合结果进行评价，又可以对各个维度进行评价。

二、均等化测量方法

均等化与不平等是一个硬币的两面。不平等水平越高，也即均等化水平越低；不平等水平越低，也即均等化水平越高。关于不平等测算的方法很多，其中常用的如极差率、变异系数、基尼系数和泰尔指数等。

基于变异系数计算方法测算的基本公共服务发展水平的不平等程度，可以实现不同年份基本公共服务发展不平等之间的比较，也可以实现不同评价维度之间的比较。

变异系数（CV）是原始数据标准差与原始数据平均数的比，它消除了测量尺度和量纲的影响，进行不同组之间离散程度大小相对较为客观。变异系数越小说明离散程度越小，数据相对集中，则可以反映出相对不平等程度越低。

$$变异系数（CV）=\frac{标准差}{均值}$$

三、测算方法选择

基于以上方法分析，综合考虑既要实现综合指标评价又要实现均等化测量，同时考虑到各维度分解，本书选择 HDI 计算思路和变异系数计算方法开展研究。

（一）具体指标标准化方式

本书指标标准化参照 HDI 指标标准化方法，具体如下：

正向指标标准化公式：

$$y_i=\frac{x_i-\min(X)}{\max(X)-\min(X)}$$

逆向指标标准化公式：

$$y_i=\frac{\max(X)-x_i}{\max(X)-\min(X)}$$

（二）阈值选择

本公共服务均等化主要监测评价指标从类型来看包括两类：一类指标数值为百分比；另一类指标数值为绝对数。对于百分比类型指标，最大阈值为 100，最小阈值为 0。而绝对数类型指标采用 2016 年、2017 年和 2018 年三个年份中最小值设为最小阈值，最大值设为最大阈值（见表 6-1）。

表 6-1　基本公共服务均等化主要监测评价指标阈值

保障范围和质量要求	二级指标	三级指标	属性	最小阈值	最大阈值
幼有所育 A	1. 优生优育服务 A1	孕产妇系统管理率（%）A11	正向	0	100
		孕产妇产后访视率（%）A12	正向	0	100
		孕产妇死亡率（1/10 万）A13	逆向	1.1	109.9
	2. 儿童健康服务 A2	7 岁以下儿童健康管理率（%）A21	正向	0	100
		5 岁以下儿童低体重患病率（%）A22	逆向	0	100
	3. 儿童关爱服务 A3	新生儿视访率（%）A31	正向	0	100
学有所教 B	4. 学前教育助学服务 B1	公办幼儿园占比（%）B11	正向	0	100
		学前教育毛入园率（%）B12（用小学学龄儿童净入学率替代）	正向	0	100
	5. 义务教育服务 B2	初中升学率（%）B21	正向	0	100
		九年义务教育师生比（教师人数=1）B22	逆向	10.7	18.3
	6. 普通高中助学服务 B3	普通高中师生比（教师人数=1）B31	逆向	7.44	17.41
	7. 中等职业教育助学服务 B4	中等职业教育师生比（教师人数=1）B41	逆向	9.01	33.36
		中等职业教育免学费学生比重（%）B42	正向	0	100
		中等职业教育毕业生获得职业资格证书率（%）B43	正向	0	100

续表

保障范围和质量要求	二级指标	三级指标	属性	最小阈值	最大阈值
劳有所得 C	8. 就业创业服务 C1	接受职业指导人数占登记求职人数比重（%）C11	正向	0	100
		接受创业服务人数占登记就业人数比重（%）C12	正向	0	100
		行政村配备劳动就业和社会保障工作人员覆盖率（%）C13	正向	0	100
	9. 工伤失业保险服务 C2	劳动人事争议仲裁结案率（%）C21	正向	0	100
病有所医 D	10. 公共卫生服务 D1	每千人口医疗卫生机构床位数（个）D11	正向	4.21	7.21
		每千人口医疗卫生机构执业医师数（人）D12	正向	1.72	4.63
		甲乙类传染病报告发病率（1/10 万）D13	逆向	111.54	659.75
		城市生活垃圾无害化处理率（%）D14	正向	0	100
	11. 医疗保险服务 D2	医疗保险参保率（%）D21	正向	0	100
		城乡居民基本医疗保险年人均实际财政补助金额（元）D22	正向	281	2059
老有所养 E	12. 养老助老服务 E1	农村居民最低生活保障平均标准（元/人·年）E11	正向	2621.5	12840
		每千老年人口养老床位数（个）E12	正向	8.2	58.32
		每万人拥有社会工作专业人才数（人）E13	正向	0.08	14.99
	13. 养老保险服务 E2	企业退休人员人均基本养老金（元/月）E21	正向	1883	4669

续表

保障范围和质量要求	二级指标	三级指标	属性	最小阈值	最大阈值
住有所居 F	14. 公租房及住房改造服务 F1	年人均住房保障财政支出（元/人）F11	正向	166. 1843	1663. 372
		公共租赁住房（廉租住房）实物保障户数（在保）（万户）占登记需要保障户数比例（%）［用公共租赁住房（廉租住房）实物保障户数（在保）（万户）替代］F12	正向	6. 2	156
		公租住房租赁补贴户数（在保）占登记需要保障户数比例（%）［用累计建成公共租赁住房（廉租住房）套数（万套）替代］F13	正向	5	822
弱有所扶 G	15. 社会救助服务 G1	地级市残疾人康复设施覆盖率（%）G11	正向	0	100
		特殊教育学校师生比（教师人数=1）G12	逆向	2. 4	34. 2
		残疾人文化活动参与率（%）G13	正向	0	100
	16. 扶残助残服务 G2	每十万人口康复专业人才数（人）G21	正向	1. 2	37. 1
		残疾人基本康复服务覆盖率（%）G22	正向	0	100
优军优抚服务 H	17. 优军优抚服务 H1	优抚对象年均抚恤水平（元/人）H11	正向	4885	32576. 1
文化体育保障 I	18. 公共文化服务 I1	每万人口拥有公共文化设施建筑面积（平方米）I11	正向	119. 3	1135. 5
		人均图书馆流通次数（次）I12	正向	0. 07	2. 07
		人均参观博物馆人次数（次）I13	正向	0. 03	1. 74
		电视人口综合覆盖率（%）I14	正向	0	100

注：如无特别注明，以下计算依据的相关指标及基础数据均来源于国家统计局《中国统计年鉴》（2017—2019）及国家统计局社会科技和文化产业统计司、国家发展和改革委员会社会发展司编著的《国家基本公共服务统计概览（2019）》。鉴于篇幅限制，本书所有表格仅罗列一级指标测算结果，不再罗列二、三级指标结果，仅在文中对一些特殊情况分析时，有选择地对有代表性的二、三级指标测算结果进行说明和评述。

四、测算结果

（一）整体发展程度测算

基于上面基本公共服务均等化监测指标和测算方法，对基本公共服务发展程度指数测算结果见表 6-2。2016—2018 年全国基本公共服务发展指数稳步上升，由 2016 年的 0.454 上升至 2018 年的 0.490，上升 0.036，增长 8.09%，说明我国基本公共服务发展总体质量不断提高。从变异系数来看，变异系数由 2016 年的 0.111 逐年下降至 2018 年的 0.103，说明我国基本公共服务发展不平等现象总体趋势放缓，呈现改善的态势。观察 2018 年基本公共服务发展指数的分布可以看出，低于全国平均水平的省份数量较 2016 年有所减少，主要分布在中部地区。值得一提的是，沿海经济社会较为发达的广东省基本公共服务的发展指数也低于全国平均水平，其中的原因有待进一步研究。

从 2018 年各地区排名看，北京和上海发展最好，基本公共服务发展指数均超过 0.6，分别为 0.685 和 0.637，位居第 1、2 位；浙江、青海、江苏、内蒙古、宁夏、陕西、天津和新疆也均达到 0.5，分别为 0.574、0.557、0.545、0.542、0.533、0.533、0.530 和 0.529，依次位居第 3~10 位；河北、安徽、福建、广西和海南基本公共服务发展最差，位居全国最后五位，尤其是海南，基本公共服务发展指数仅为 0.414，刚触及 0.4 最低线。

从 2016—2018 年各地区增长情况来看（见图 6-1），各地区基本公共服务发展指数均呈现向好的态势，其中青海省和云南省增长幅度表现最为突出，分别增加了 0.105 和 0.085。

表 6-2　基本公共服务发展程度指数测算结果

地区	2016 年	2017 年	2018 年	
			值	排名
北 京	0. 622	0. 639	0. 685	1
上 海	0. 606	0. 615	0. 637	2
浙 江	0. 529	0. 550	0. 574	3
青 海	0. 452	0. 460	0. 557	4
江 苏	0. 501	0. 525	0. 545	5
内蒙古	0. 507	0. 527	0. 542	6
宁 夏	0. 496	0. 519	0. 533	7
陕 西	0. 477	0. 490	0. 533	8
天 津	0. 511	0. 521	0. 530	9
新 疆	0. 510	0. 520	0. 529	10
西 藏	0. 497	0. 514	0. 519	11
重 庆	0. 488	0. 490	0. 515	12
黑龙江	0. 455	0. 492	0. 514	13
云南	0. 422	0. 467	0. 507	14
吉 林	0. 466	0. 473	0. 505	15
湖 南	0. 467	0. 496	0. 504	16
山 东	0. 480	0. 488	0. 501	17
贵 州	0. 448	0. 455	0. 498	18
湖 北	0. 456	0. 489	0. 495	19
四 川	0. 466	0. 485	0. 495	20
山 西	0. 453	0. 480	0. 490	21
辽 宁	0. 453	0. 457	0. 483	22
广 东	0. 460	0. 466	0. 481	23
甘 肃	0. 426	0. 467	0. 481	24
河 南	0. 430	0. 467	0. 480	25

续表

地区	2016 年	2017 年	2018 年	
			值	排名
江 西	0.436	0.454	0.473	26
河 北	0.436	0.448	0.464	27
安 徽	0.423	0.430	0.456	28
福 建	0.418	0.442	0.456	29
广 西	0.389	0.415	0.449	30
海 南	0.387	0.395	0.414	31
全国	0.454	0.472	0.490	–
变异系数	0.111	0.104	0.103	–

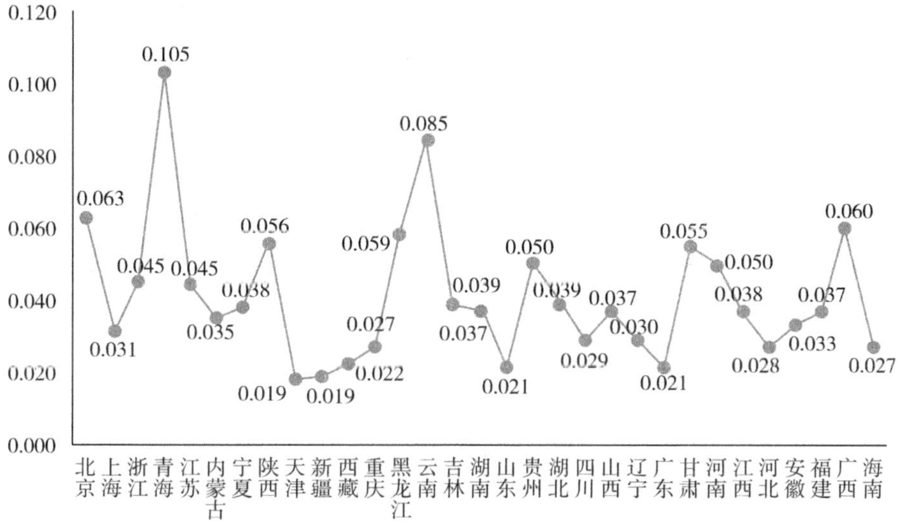

图 6-1　2016—2018 年各省区市基本公共服务发展指数增幅

从东、中、西基本公共服务发展程度指数来看（见表 6-3），横向对比，呈现出东部最高、中部最低、西部处中间的特征，这与区域间社会经济发展水平并不完全一致；纵向对比，不论是东部、中部还是西部，均呈现逐年向好的趋势。分区域观察变异系数，东部地区变异系数最高、中部和西部地区变异系数都较低，说明东部地区省域间差异明显大于中西部地区；分年份观察变异系数，显示 2016—2018 年的 3 年间，整体上特征，3 个区域比较可概括为：东部是基本公共服务发展程度较好，但省域间发展程度差异最大的区域；西部是基本公共服务发展水平居中，省域间差异也居中的区域；而中部是整体发展水平最弱，省域间差异最小的区域。与社会经济发展水平东、中、西部由高到低的排序比较，可以看出，东部由于社会经济发展水平较好，自我发展能力强，财政自给能力足，基本公共服务发展起步早、配套也相应完善，发展整体性较好；而西部地区尽管经济水平薄弱，但受惠于西部大开发、国家扶贫攻坚、生态保护等各项转移支付政策扶持，基本公共服务在短短二十余年快速发展，整体水平提升较快，省域间差异也较小。相比较，中部地区一方面经济发展滞后于东部发达地区，另一方面政策支持方面弱于西部区域，加之自我发展和财政自给能力有限，基本公共服务供给整体水平和均等化程度都落后于其他两个区域，具有相对低水平的均等化特征。同时，尽管只有 3 年数据分析，仍然可以看到东部地区尽管整体水平较高，但 3 年间指数的增长幅度最小，这从一个方面说明东部发达地区的基本公共服务发展趋势有所放缓，加之其变异系数较大，省区间差异明显问题较为突出。

表 6-3　2016—2018 年东、中、西部基本公共服务发展程度指数测算结果

年份	东部		中部		西部	
	均值	变异系数	均值	变异系数	均值	变异系数
2018	0.524	0.155	0.490	0.039	0.513	0.057
2017	0.504	0.148	0.473	0.047	0.484	0.068
2016	0.491	0.150	0.448	0.037	0.465	0.082

（二）基本公共服务各领域指标变异程度测算

从 2018 年全国基本公共服务发展指数各指标分解情况来看（见图

6-2），各指标之间发展存在明显不均衡。其中学有所教、病有所医、幼有所育和劳有所得分别贡献了 21.25%、17.74%、16.95%和 16.82%，这部分发展相对其他领域较好；优军优抚服务和住有所居的全国发展指数分别为 0.01 和 0.015（见表 6-4），明显低于其他领域，对于全国基本公共服务发展仅贡献了 2.04%和 2.97%，尽管贡献程度与权重有一定关系，但关键仍是与发展指数绝对值相关。因此，优军优抚服务和住有所居是基本公共服务发展明显的"短板"。

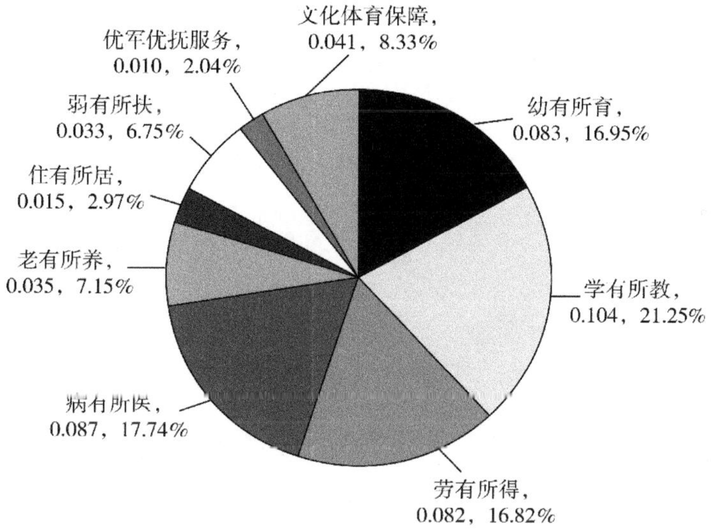

图 6-2　2018 年基本公共服务 9 大领域发展指数及其贡献程度分解

从 2018 年各地区基本公共服务发展指数各评价指标分布情况来看（见图 6-3），主要有 4 个方面的特征：一是 9 大领域发展存在差异。病有所医、学有所教、幼有所育和劳有所得 4 个领域发展显著优于其他几个方面，各省域发展的均衡程度也较好，曲线基本处于水平状态；二是各省、自治区、直辖市域间发展存在明显差异；三是各省、自治区、直辖市内部发展异化特征趋于明显。如综合排名前 5 位的北京、上海、浙江、青海、江苏 9 个领域发展整体较好；整体排名居于中游的内蒙古、宁夏、陕西、天津、新疆、西藏、重庆、黑龙江和云南等9个省、自治区、直辖市的病有所医、学有所教、幼有所育和劳有所得4个领域与其他5个领域呈现出分离状态，而后面的17个省域两个板块分离程度更为加剧，“短板”明显；四是从分离程度看，弱有所扶和文化体育保障两个方面各省之间差异最大。

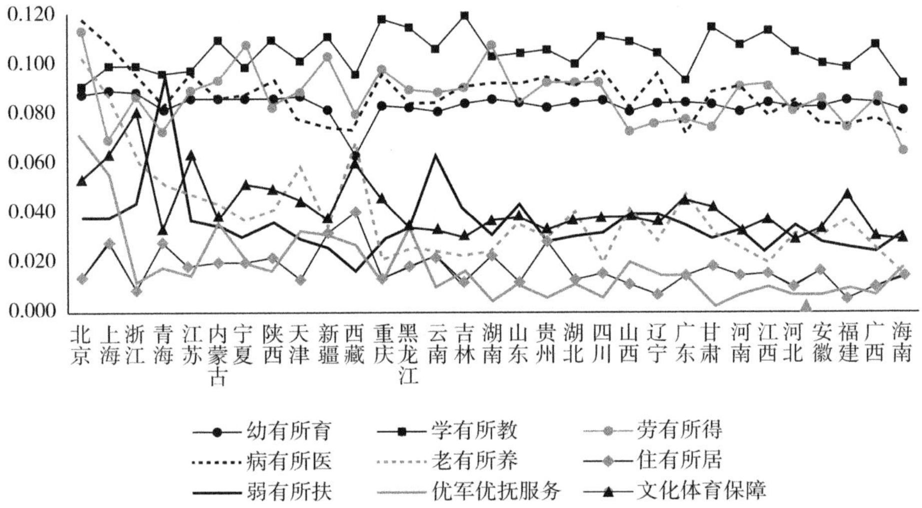

图6-3 2018年各地区基本公共服务发展指数各评价指标分解分布情况

观察2018年省域之间和9个领域分指标的变异系数（见表6-4），呈现出基本公共服务发展水平较低的指标其变异系数越大的特征，即整体发展水平越低，不平等程度越高。与前面的分析相一致，幼有所育、学有所教、劳有所得和病有所医4个方面变异系数分别为0.054、0.073、0.134和0.121，省域之间的均等化水平较好；而优军优抚服务方面变异系数高达0.875，相比其他指标不平等程度尤为明显；老有所养、住有所居、弱有所扶和文化体育保障4个方面变异系数分别0.512、0.472、0.392和0.289，省域间供给不均衡特征也较为明显。

表 6-4　2018 年各省域基本公共服务发展指数及其变异系数

地区	指数								
	综合指数	幼有所育	学有所教	劳有所得	病有所医	老有所养	住有所居	弱有所扶	优军优抚服务	文化体育保障
北京	0.685	0.087	0.090	0.114	0.117	0.102	0.014	0.038	0.070	0.053
上海	0.637	0.089	0.099	0.069	0.109	0.088	0.028	0.037	0.057	0.062
浙江	0.574	0.088	0.100	0.088	0.096	0.061	0.008	0.042	0.011	0.080
青海	0.557	0.082	0.095	0.073	0.082	0.051	0.028	0.096	0.017	0.033
江苏	0.545	0.086	0.097	0.088	0.095	0.047	0.018	0.037	0.014	0.063
内蒙古	0.542	0.085	0.109	0.093	0.086	0.042	0.019	0.034	0.035	0.038
宁夏	0.533	0.086	0.098	0.108	0.087	0.038	0.019	0.030	0.018	0.051
陕西	0.533	0.086	0.110	0.082	0.092	0.040	0.022	0.036	0.016	0.048
天津	0.530	0.087	0.101	0.088	0.077	0.058	0.013	0.030	0.032	0.043
新疆	0.529	0.082	0.111	0.104	0.075	0.034	0.031	0.025	0.031	0.037
西藏	0.519	0.062	0.095	0.079	0.073	0.068	0.040	0.017	0.026	0.059
重庆	0.515	0.083	0.118	0.098	0.095	0.022	0.013	0.029	0.012	0.045
黑龙江	0.514	0.083	0.115	0.090	0.084	0.026	0.018	0.034	0.032	0.033
云南	0.507	0.081	0.106	0.089	0.083	0.024	0.021	0.061	0.010	0.032
吉林	0.505	0.084	0.119	0.091	0.090	0.022	0.011	0.041	0.016	0.030
湖南	0.504	0.086	0.103	0.108	0.091	0.023	0.022	0.030	0.004	0.036
山东	0.501	0.084	0.104	0.085	0.092	0.035	0.011	0.043	0.010	0.038
贵州	0.498	0.082	0.105	0.093	0.094	0.029	0.029	0.028	0.006	0.032
湖北	0.495	0.084	0.100	0.092	0.090	0.039	0.012	0.031	0.011	0.037
四川	0.495	0.085	0.111	0.093	0.097	0.019	0.015	0.032	0.006	0.038
山西	0.490	0.081	0.109	0.072	0.081	0.041	0.010	0.039	0.018	0.037
辽宁	0.483	0.084	0.104	0.076	0.096	0.028	0.006	0.038	0.014	0.036
广东	0.481	0.085	0.094	0.078	0.071	0.046	0.015	0.036	0.014	0.043
甘肃	0.481	0.084	0.115	0.075	0.087	0.030	0.017	0.029	0.002	0.042

续表

地区	指数									
	综合指数	幼有所育	学有所教	劳有所得	病有所医	老有所养	住有所居	弱有所扶	优军优抚服务	文化体育保障
河南	0.480	0.081	0.108	0.090	0.091	0.026	0.015	0.032	0.006	0.031
江西	0.473	0.084	0.114	0.091	0.079	0.020	0.015	0.024	0.009	0.037
河北	0.464	0.083	0.105	0.081	0.085	0.032	0.009	0.034	0.006	0.029
安徽	0.456	0.083	0.100	0.085	0.076	0.030	0.016	0.028	0.005	0.032
福建	0.456	0.085	0.099	0.074	0.075	0.037	0.005	0.025	0.009	0.046
广西	0.449	0.085	0.108	0.085	0.078	0.024	0.009	0.025	0.006	0.029
海南	0.414	0.081	0.091	0.064	0.072	0.014	0.014	0.031	0.017	0.029
全国	0.490	0.083	0.104	0.082	0.087	0.035	0.015	0.033	0.010	0.041
变异系数	0.103	0.054	0.073	0.134	0.121	0.512	0.472	0.392	0.875	0.289

从9个领域比较东、中、西部地区优势可以看出（表6-5、图6-4），东部地区在幼有所育（0.085）、病有所医（0.090）、老有所养（0.050）、优军优抚服务（0.023）和文化体育保障（0.047）5个方面走在前列，说明东部地区经过改革开放40年的积累，经济的发展已经明显带动了基本公共服务的几个重点领域的供给和均等化水平的提升，不仅如此，也带动了地方文化事业的普及和发展；西部地区则在住有所居（0.022）和弱有所扶（0.037）两个方面优于其他两个区域，前者与西部的大中型城市较少、人口密度较小、房价水平较低有一定关系，后者与大规模扶贫开发支持力度有关，也能看出这些领域的水平提升与西部地区经济发展关系并不密切；而中部地区尽管只在学有所教（0.109）和劳有所得（0.090）两个方面发展相对较好，却是依赖自身发展优势。

表 6-5　2018 年东、中、西部地区基本公共服务发展指数分解情况

指标	东部		中部		西部	
	均值	变异系数	均值	变异系数	均值	变异系数
幼有所育	0.085	0.024	0.083	0.020	0.082	0.080
学有所教	0.099	0.051	0.109	0.066	0.107	0.068
劳有所得	0.082	0.161	0.090	0.107	0.089	0.122
病有所医	0.090	0.168	0.085	0.072	0.086	0.093
老有所养	0.050	0.520	0.028	0.272	0.035	0.401
住有所居	0.013	0.501	0.015	0.260	0.022	0.401
弱有所扶	0.036	0.151	0.032	0.174	0.037	0.584
优军优抚服务	0.023	0.923	0.013	0.737	0.015	0.691
文化体育保障	0.047	0.333	0.034	0.084	0.040	0.224

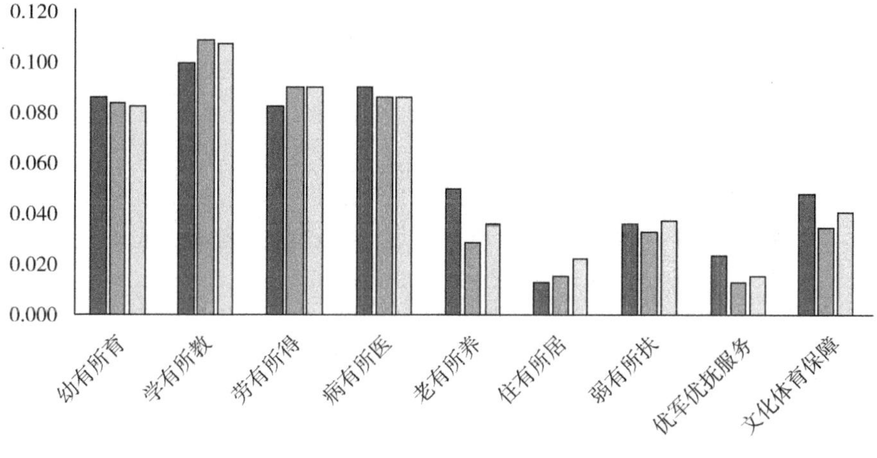

图 6-4　2018 年东、中、西部地区基本公共服务发展指数分解分布

另一方面，从东、中、西部各个领域变异系数也能看到（见表 6-5、图 6-5），东部区域省域间优军优抚（0.923）、老有所养（0.520）和住有所居（0.501）3 个领域的不均衡程度最大，超过 0.5；而幼有所育（0.024）、学有所教（0.051）、劳有所得（0.161）、病有所医（0.168）

和弱有所扶（0.151）5个基本公共服务中最为关键的领域省域间差异并不大，说明东部地区已经完成了原始的基本公共服务低水平均衡，正在向中等水平提质和均衡目标迈进；而中部地区整体变异系数较低，各省域之间差异较小，各个领域变异系数变动幅度也最小，只有优军优抚服务一个领域超过0.5，达到0.737，其他的变异系数都低于0.3，可见中部地区虽然发展程度不高，但均衡程度较好；西部地区各个领域变异系数变动幅度介于东部和中部之间，在弱有所扶（0.584）和优军优抚服务（0.691）两个方面超过0.5，老有所养和住有所居都是0.401，均衡程度也不好，另外的幼有所育、学有所教、病有所医变异系数虽然比东部小，但略高于中部地区，还是存在一定的不均衡。

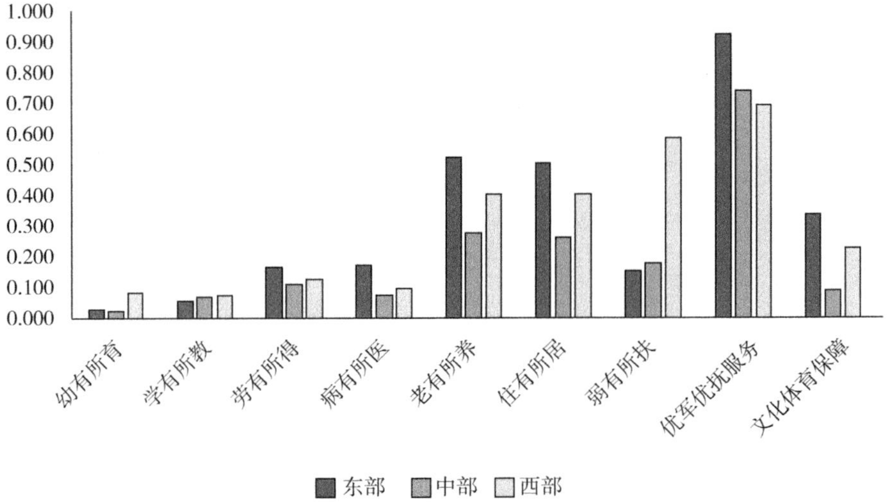

图6-5　2018年东、中、西部地区基本公共服务发展指数各维度变异系数分布

五、小结

整体上从发展综合指数看，全国基本公共服务发展程度虽然不高，但呈稳步上升趋势，2016—2018年总体质量不断攀升；省域间总的发展水平差异呈改善的态势。分省域看，整体发展较好的是北京、上海、浙江、青海、江苏、内蒙古、宁夏、陕西、天津和新疆10省、自治区、直辖市。其中，2016—2018年发展趋势最快的是青海和云南。分领域看，经过多年努力，基本公共服务领域最为基础的学有所教、病有所医、幼有所育和劳有所得4个领域发展相对较好，全国层面供给均衡水平相对较高，而优军优抚和住有所居不均衡程度最大，是基本公共服务整体发展的“短板”。

从东、中、西部分区域指数看，整体上各省域各个领域具有三大特征：一是东部整体发展水平较好，基本公共服务各个领域处于中等水平的不均衡阶段；西部自我发展能力弱，虽受惠于国家政策和资金支持，基本公共服务各个领域处于低水平的均衡阶段。中部地区处于东、西部两个区域之间，处于某些领域提升完善，但多数领域仍处在低水平均衡阶段。二是无论东、中、西地区之间还是各省域之间，社会经济发展对基本公共服务都有一定的带动和促进作用，但并不成正比。即只有经济社会发展到一定阶段，社会财富达到一定水平积累，其对基本公共服务供给及区域间均衡发展有较大的促进作用。三是从目前发展情况看，尽管囿于我们的评价指标和数据不全面导致的评价与实际情况有所差异，但东、中、西部地区无论是整体还是分区域在优军优抚服务领域都存在特别明显的不均衡，究其原因，可能由于这一领域处于刚刚开始发展阶段，供给的体制机制、覆盖面和覆盖水平都还需要进一步完善。

同时，还存在区域内部各领域之间的分化程度趋于明显，如综合排名前5位的北京、上海、浙江、青海、江苏9个领域发展整体较好；整体排名居于中游的内蒙古、宁夏、陕西、天津、新疆、西藏、重庆、黑龙江和云南9个省、自治区、直辖市的病有所医、学有所教、幼有所育和劳有所得4个领域与其他5个领域呈现出分离状态，而后面的17个省域两个板块分离程度更为加剧。从省区间分离程度看，弱有所扶和文化体育保障两个方面各省之间差异最大。

第七章　基于目标值的基本公共服务发展水平测算和均等化分析

一、测算范围

由于前面部分基本公共服务发展指数及均等化计算分析主要通过阈值范围赋值进行计算，其发展指数计算结果具有相对性，其主要目的是获得变异系数的计算结果以分析国内各省域之间的均等化程度。而根据目标值进行发展水平及发展程度的测算，消除了一定的相对性，较为客观地反映出综合发展水平及各指标的发展水平，同时利用其均值、极差、方差及均方差也能进一步反映出各省域之间发展的均等化程度。

根据上面构建的基本公共服务均等化指标体系，在全国及各地区基本公共服务发展水平和发展速度测算时，主要围绕 9 个一级指标、18 个二级指标及 41 个三级指标进行测算（见表 7-1），其中研究区域选择、指标替代、权重及时限等与前部分计算分析内容保持一致。

二、测算方法

在具体的测算发展水平中，使用的方法主要是从发展概况（即现值）出发，通过现值和目标值的比较，可以更好地明晰发展水平，便于更好地明确发展任务。在比较中，这里选取的百分比比较法，即按照目标值要求当前达到要求的程度，也就是完成的百分比。

根据前面建构的指标体系特点，共有正向和负向两类属性的指标，所以在测算时予以区分，如下：

正向指标计算公式为：$\frac{\text{现值}}{\text{目标值}} \times 100\%$

逆向指标计算公式为：$\left(1 - \frac{\text{现值} - \text{目标值}}{\text{现值}}\right) \times 100\%$

公式中现值为2018年的数值，目标值为前文所确定的，见表7-1。指标体系中存在城乡居民基本医疗保险年人均实际财政补助金额、农村居民最低生活保障平均标准、企业退休人员人均基本养老金、年人均住房保障财政支出、公共租赁住房（廉租住房）实物保障户数（在保）占登记需要保障户数比例、公租住房租赁补贴户数（在保）占登记需要保障户数比例、优抚对象年均抚恤水平7个三级指标的目标值为最大值，这里即为2018年31个省、自治区和直辖市层面数据的最大值。

三、基本公共服务发展水平测算

（一）综合发展水平

基于上面描述的数据来源和测算方法，全国及各地区基本公共服务发展水平测算结果见表7-2。按照既定发展要求进行转换目标值为100%，经测算，2018年全国基本公共服务总体发展水平为67.95%，距目标值还有较大距离。结合各地区的排名（见图7-1），可以看出各地区差距较大，基本公共服务发展水平超出目标值，大于100%的只有1个区域——上海（101.41%），其余省、自治区、直辖市全部都低于目标值；超过全国平均水平（67.95%）的省域有18个，由高到低排名依次为北京、浙江、江苏、天津、陕西、内蒙古、新疆、吉林、西藏、宁夏、广东、山西、山东、黑龙江、重庆、辽宁和湖南。低于全国水平的地区有13个，其中广西和海南

表 7-1　基本公共服务监测评价目标值及指标权重

保障范围和质量要求	二级指标	三级指标	属性	目标值
幼有所育 0.09	1. 优生优育服务 0.485	孕产妇系统管理率（%）0.40	正向	100
		孕产妇产后访视率（%）0.32	正向	100
		孕产妇死亡率（1/10 万）0.28	逆向	≤12
	2. 儿童健康服务 0.35	7 岁以下儿童健康管理率（%）0.50	正向	100
		5 岁以下儿童低体重患病率（%）0.50	逆向	≤0.2
	3. 儿童关爱服务 0.165	新生儿视访率（%）1.00	正向	100
学有所教 0.16	4. 学前教育助学服务 0.20	公办幼儿园占比（%）0.50	正向	100
		学前教育毛入园率（%）0.50	正向	100
	5. 义务教育服务 0.30	初中升学率（%）0.50	正向	100
		九年义务教育师生比（教师人数=1）0.50	逆向	≤20
	6. 普通高中助学服务 0.30	普通高中师生比（教师人数=1）1.00	逆向	≤20
	7. 中等职业教育助学服务 0.20	中等职业教育师生比（教师人数=1）0.30	逆向	≤20
		中等职业教育免学费学生比重（%）0.30	正向	100
		中等职业教育毕业生获得职业资格证书率（%）0.40	正向	100
劳有所得 0.13	8. 就业创业服务 0.60	接受职业指导人数占登记求职人数比重（%）0.30	正向	100
		接受创业服务人数占登记就业人数比重（%）0.40	正向	100

续表

保障范围和质量要求	二级指标	三级指标	属性	目标值
劳有所得 0.13	8. 就业创业服务 0.60	行政村配备劳动就业和社会保障工作人员覆盖率（%）0.30	正向	100
	9. 工伤失业保险服务 0.40	劳动人事争议仲裁结案率（%）1.00	正向	100
病有所医 0.14	10. 公共卫生服务 0.60	每千人口医疗卫生机构床位数（个）0.25	正向	≥6
		每千人口医疗卫生机构执业医师数（人）0.25	正向	≥3
		甲乙类传染病报告发病率（1/10 万）0.25	逆向	≤120
		城市生活垃圾无害化处理率（%）0.25	正向	100
	11. 医疗保险服务 0.40	医疗保险参保率（%）0.50	正向	100
		城乡居民基本医疗保险年人均实际财政补助金额（元）0.50	正向	max
老有所养 0.13	12. 养老助老服务 0.50	农村居民最低生活保障平均标准（元/人·年）0.30	正向	max
		每千老年人口养老床位数（个）0.35	正向	≥35
		每万人拥有社会工作专业人才数（人）0.35	正向	≥8
	13. 养老保险服务 0.50	企业退休人员人均基本养老金（元/月）1.00	正向	max
住有所居 0.09	14. 公租房及住房改造服务 1.00	年人均住房保障财政支出（元/人）0.44	正向	max
		公共租赁住房（廉租住房）实物保障户数（在保）占登记需要保障户数比例（%）0.28	正向	max

续表

保障范围和质量要求	二级指标	三级指标	属性	目标值
住有所居 0.09	14. 公租房及住房改造服务 1.00	公租住房租赁补贴户数（在保）占登记需要保障户数比例（%）0.28	正向	max
弱有所扶 0.09	15. 社会救助服务 0.50	地级市残疾人康复设施覆盖率（%）0.30	正向	100
		特殊教育学校师生比（教师人数=1）0.40	逆向	≤3
		残疾人文化活动参与率（%）0.30	正向	100
	16. 扶残助残服务 0.50	每十万人口康复专业人才数（人）0.50	正向	≥10
		残疾人基本康复服务覆盖率（%）0.50	正向	100
优军优抚服务 0.07	17. 优军优抚服务 1.00	优抚对象年均抚恤水平（元/人）1.00	正向	max
文化体育保障 0.10	18. 公共文化服务 1.00	每万人口拥有公共文化设施建筑面积（平方米）0.40	正向	≥450
		人均图书馆流通次数（次）0.20	正向	≥0.8
		人均参观博物馆人次数（次）0.20	正向	≥1.0
		电视人口综合覆盖率（%）0.20	正向	100

排最后两位，低于60%，分别只有目标值的59. 96%、58. 88%。以全国平均水平为基准，低于平均水平的省份有13个，主要集中在西部和中部地区。

表7-2　2018年全国及各地区基本公共服务综合及分项发展水平（%）

	综合	幼有所育	学有所教	劳有所得	病有所医	老有所养	住有所居	弱有所扶	优军优抚服务	文化体育保障
全国	67. 95	75. 04	110. 45	63. 46	81. 85	54. 92	26. 38	52. 34	27. 12	76. 89
北京	97. 38	99. 55	155. 96	87. 64	100. 01	105. 73	20. 40	58. 63	100. 00	102. 16
天津	77. 43	104. 79	135. 06	67. 34	76. 34	69. 43	19. 74	45. 91	54. 39	82. 03
河北	64. 02	83. 22	110. 28	62. 17	80. 27	50. 26	17. 03	53. 15	21. 72	51. 93
山西	71. 01	76. 45	131. 83	55. 53	79. 33	52. 00	21. 70	71. 95	37. 18	69. 18
内蒙古	75. 48	86. 54	124. 24	71. 47	81. 79	63. 51	31. 43	53. 74	57. 51	71. 25
辽宁	69. 08	85. 87	119. 53	58. 19	84. 74	49. 91	17. 50	63. 71	31. 65	67. 88
吉林	72. 16	89. 08	122. 43	70. 00	81. 53	47. 45	24. 59	86. 90	34. 73	54. 06
黑龙江	69. 70	74. 02	119. 07	68. 98	76. 70	47. 92	38. 08	53. 21	54. 01	60. 52
上海	101. 41	204. 38	144. 94	52. 99	94. 37	90. 16	35. 77	71. 40	83. 87	124. 92
江苏	80. 53	88. 42	128. 23	67. 83	84. 43	70. 03	29. 85	55. 02	32. 44	124. 03
浙江	86. 83	114. 18	123. 74	67. 46	87. 23	83. 02	16. 88	53. 90	28. 89	165. 90
安徽	63. 62	85. 18	105. 13	65. 57	76. 37	52. 55	25. 18	38. 35	21. 42	58. 69
福建	66. 66	87. 01	112. 69	57. 14	77. 25	56. 23	11. 29	40. 37	25. 95	87. 77
江西	63. 01	85. 14	94. 78	70. 09	78. 26	43. 62	27. 67	37. 38	26. 48	67. 36
山东	70. 90	84. 58	118. 95	65. 26	83. 20	52. 89	19. 35	74. 15	26. 69	69. 65
河南	62. 55	76. 61	96. 52	69. 38	83. 49	44. 98	24. 83	48. 10	21. 79	55. 69
湖北	67. 87	83. 25	112. 17	70. 62	83. 33	56. 48	20. 93	40. 86	28. 05	67. 19
湖南	68. 72	84. 37	101. 04	82. 71	84. 28	45. 08	45. 09	50. 98	19. 94	65. 03
广东	71. 48	91. 34	110. 93	60. 04	76. 84	67. 11	22. 63	61. 72	31. 39	84. 33
广西	59. 96	81. 35	90. 76	65. 67	79. 20	44. 90	16. 85	46. 97	22. 87	53. 12
海南	58. 88	72. 65	105. 33	49. 10	78. 19	36. 54	19. 72	42. 84	36. 04	52. 60
重庆	69. 45	80. 12	105. 02	75. 17	85. 77	47. 29	19. 99	58. 99	28. 98	83. 69

续表

	综合	幼有所育	学有所教	劳有所得	病有所医	老有所养	住有所居	弱有所扶	优军优抚服务	文化体育保障
四川	66.97	82.66	109.17	71.39	85.17	45.32	26.64	46.29	21.74	68.87
贵州	65.51	73.29	99.52	71.54	85.86	48.39	39.40	49.01	22.82	58.26
云南	66.31	72.38	102.55	68.22	78.69	41.79	32.64	83.11	26.57	57.93
西藏	71.60	49.62	122.50	60.73	78.36	59.06	46.23	15.29	46.62	121.91
陕西	75.56	94.84	117.05	63.37	83.37	56.55	33.80	77.75	34.44	85.83
甘肃	66.99	76.07	124.43	57.86	80.74	49.50	27.06	41.18	17.21	76.24
青海	64.70	72.79	106.47	55.80	82.91	58.83	34.39	33.26	35.73	60.19
宁夏	71.56	81.44	107.37	82.95	81.94	53.60	24.81	36.86	36.59	97.18
新疆	73.99	71.50	118.96	79.63	82.07	47.63	67.27	40.98	52.46	70.72
均值	71.33	86.86	115.38	66.83	82.32	56.06	27.70	52.64	36.13	77.94
极差	42.53	154.76	65.20	38.54	23.67	69.19	55.98	71.61	82.79	113.97
方差	90.83	606.98	210.01	80.65	26.03	221.82	127.31	249.14	342.13	693.59
标准差	9.53	24.64	14.49	8.98	5.10	14.89	11.28	15.78	18.50	26.34

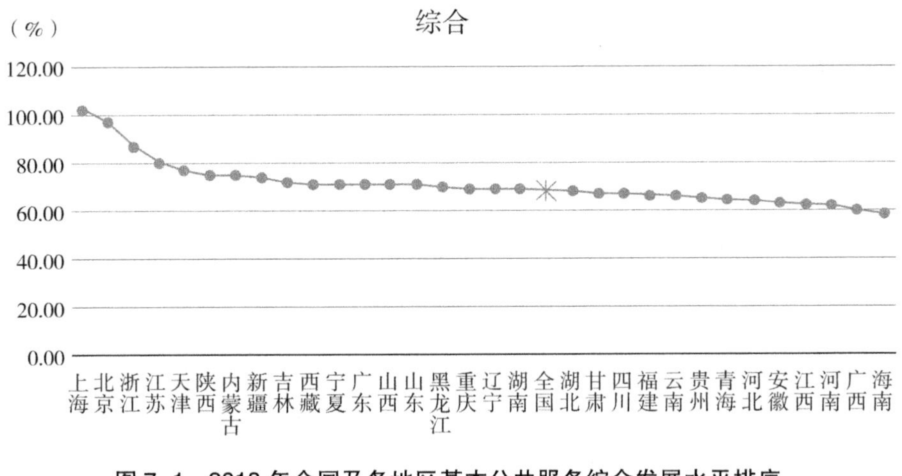

图 7-1 2018 年全国及各地区基本公共服务综合发展水平排序

31个省域基本公共服务综合水平算数均值为71.33%，高于全国发展水平67.95%3.38个百分点，反映出省域间发展水平差异较大，呈两极分化的趋势；极差42.53%，方差90.83%，标准差为9.53%，极差和方差较大，从另一个侧面印证了31个省、自治区、直辖市间发展水平差异较大，存在不均等现象。

若以算数平均值71.33%为分界线，省域发展水平高于的设定为相对较好区域，包括：上海、北京、浙江、江苏、天津、陕西、内蒙古、新疆、吉林、西藏、宁夏、广东12个省、直辖市；设定（67.95%，71.33%）之间为发展水平相对一般区域，其中包括了山西、山东、黑龙江、重庆、辽宁、湖南6个省、直辖市；设定≤67.95%为发展水平相对较低区域，包括湖北、甘肃、四川、福建、云南、贵州、青海、河北、安徽、江西、河南、广西、海南13个省、自治区。

若进一步分离，以80%为分界线，高于这个标准的仅有上海、北京、浙江和江苏，介于（71.33%，80.00%）之间的有天津、陕西、内蒙古、新疆、吉林、西藏、宁夏和广东8个省、自治区、直辖市，加上在（67.95%，71.33%）之间的6个省市，实际上基本能够实现目标值、具有绝对优势的省、自治区、直辖市数量较少。

（二）一级指标分解

1. 幼有所育

从测算结果（见表7-2）可以看出，全国基本公共服务幼有所育项目发展水平仅为目标值的75.04%，整体水平有待进一步提高。从各地区排名来看（见图7-2），幼有所育发展水平超出目标值的省域只有上海、浙江和天津3个，分别达到204.38%、114.18%和104.79%，其主要原因在于优生优育服务二级指标下的孕产妇死亡率三级指标远远低于全国其他地区，上海仅为1.4%（全国平均水平18.3%）。总体上看，该项指标发展水平低于全国平均水平的地区较少，仅有黑龙江、贵州、青海、海南、云南、新疆和西藏7个省、自治区，其中西藏最低，仅为49.62%，除西藏之外的其他6个省区均在70%以上。

31个省、自治区、直辖市的算数均值为86.86%，高于我们设定的理论优势分80%，高于全国发展水平75.04%约11.82个百分点。若设定≥86.86%为发展水平相对较好区域，其中包括了上海、浙江、天津、北京、陕西、广东、吉林、江苏、福建9个省、直辖市；设定（75.04%，86.86%）之间为发展水平相对一般区域，其中包括：内蒙古、辽宁、安徽、江西、山东、湖南、湖北、河北、四川、宁夏、广西、重庆、河南、山西、甘肃15个省、自治区、直辖市；设定≤75.04%为发展水平相对较低区域，其中包括：黑龙江、贵州、青海、海南、云南、新疆、西藏7个省、自治区。单纯从数据上看，指标值的极差（154.76%）和方差（606.98%）较大，这是由于存在两个极端，上海是西藏的4倍，如果剔除这两个极端特殊的自治区、直辖市观察其他省、自治区、直辖市，实际上大多数省、自治区、直辖市幼有所育发展水平整体情况较好，不均等情况并不严重。这说明评价不仅仅是数据上的反映，更应该通过表象的数据去观察内在的实际，同时，在整体发展相对均衡的情况下，对于明显落后的区域加大支持力度是必然的，但如何对待明显超前发展的省、自治区、直辖市，值得我们进一步探讨。

2. 学有所教

从测算结果（见表7-2）和各地区排名（见图7-3）可以看出，基本公共服务学有所教项目发展总体水平在9个领域发展最好，全国已经超过预定目标值，达到110.45%，其中北京、上海、天津、山西、江苏、甘肃、内蒙古、浙江、西藏、吉林、辽宁、黑龙江、新疆、山东、陕西、福建、湖北和广东18个省、自治区、直辖市超过了全国的发展水平。仅有4个地区发展水平低于100%，但也都大于90%，由高到低依次为贵州（99.52%）、河南（96.52%）、江西（94.78%）和广西（90.76%）。从数

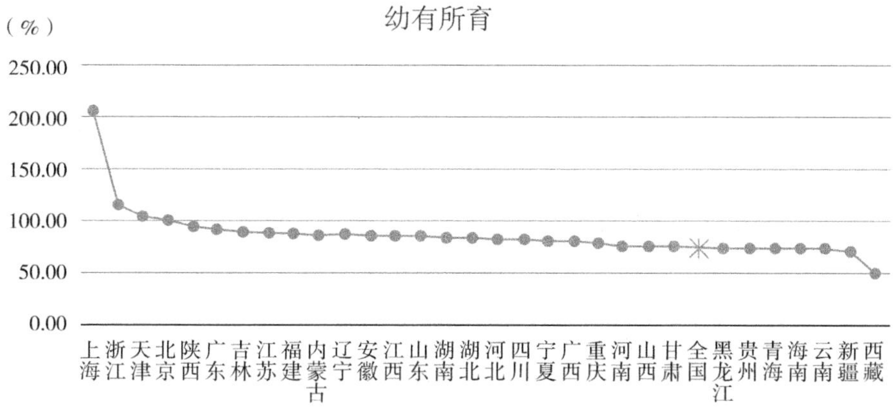

图 7-2　2018 年全国及各地区幼有所育发展水平排序

据上看，评价值较高的原因是九年义务教育师生比和普通高中师生比这两个三级指标的现值明显高于目标值，这也从一个侧面反映了国家大力投资义务教育，普及高中和职业教育取得了丰硕的成果。

但是，不可否认的是，区域间差异仍然存在，未来一段时间在学有所教方面应该更加关注省域之间均衡化发展问题。

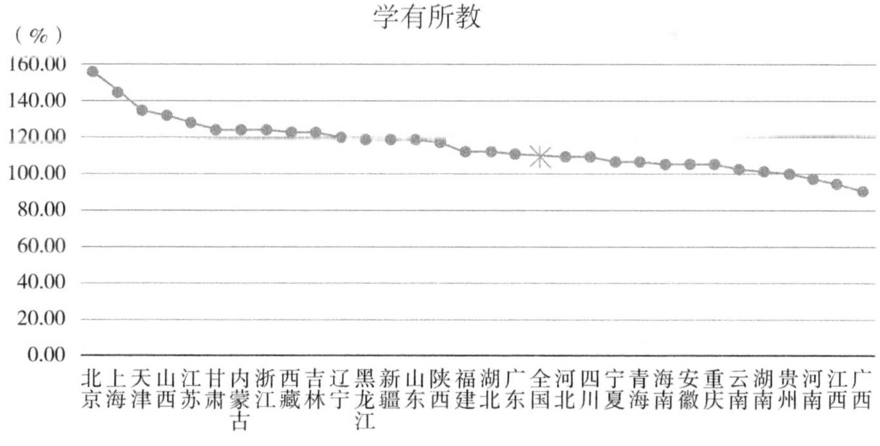

图 7-3　2018 年全国及各地区学有所教发展水平排序

3. 劳有所得

全国及各省、自治区、直辖市劳有所得项目发展水平明显偏低，全国仅为目标值的63.46%，各省、自治区、直辖市的发展水平也未有超过100%目标值的，最高的北京地区仅为87.64%，最低的为海南，仅为49.10%。观察二级指标可以发现，这一指标较低的原因是就业创业服务明显不足，有待提高。其中，影响就业创业因素的原因是接受职业指导人数占登记求职人数比重（三级指标）全国仅达47.0%，接受创业服务人数占登记就业人数比重全国仅达到11.5%，这两个层级的数值水平较低，除了实际提供服务的水平和能力偏低以外，是否还存在统计数据不准确还不得而知，需要在后续研究中进一步观察和验证（见图7-4）。

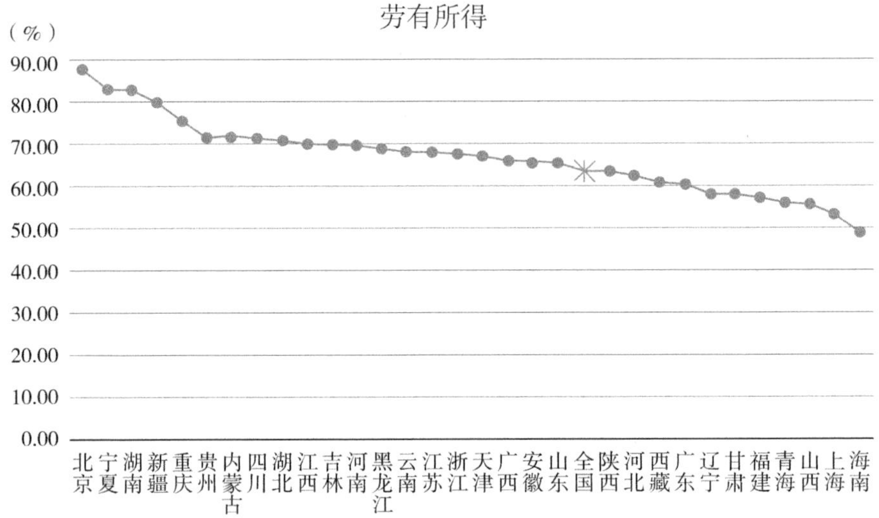

图7-4　2018年全国及各地区劳有所得发展水平排序

但从各省域劳有所得指标分布来看，没有特别突出异质数值，均值66.83%高于全国发展水平63.46%3.37个点，省域间极差38.54%，方差80.65%、标准差为8.98%，反映出31个省、自治区、直辖市内发展水平虽有差异，但总体处于低水平发展阶段；尽管有一定程度的不均等现象存在，但亟待解决的主要问题仍然是如何提升总体发展水平。

4. 病有所医

全国及各省、自治区、直辖市域病有所医项目总体发展水平较好，全国平均水平（81.85%）是基本公共服务9个领域中仅次于学有所教、得分第二高的领域。分省、自治区、直辖市看，只有北京一家超过100%的目标值，紧随其后的为上海（94.37%），其余各省、自治区、直辖市基本都集中在76%~90%，最低的地区为天津76.34%。超过全国平均水平的省域有北京、上海、浙江、贵州、重庆、四川、辽宁、江苏、湖南、河南、陕西、湖北、山东、青海、新疆和宁夏16个省、自治区、直辖市，占到31个省区市的一半（见图7-5）。

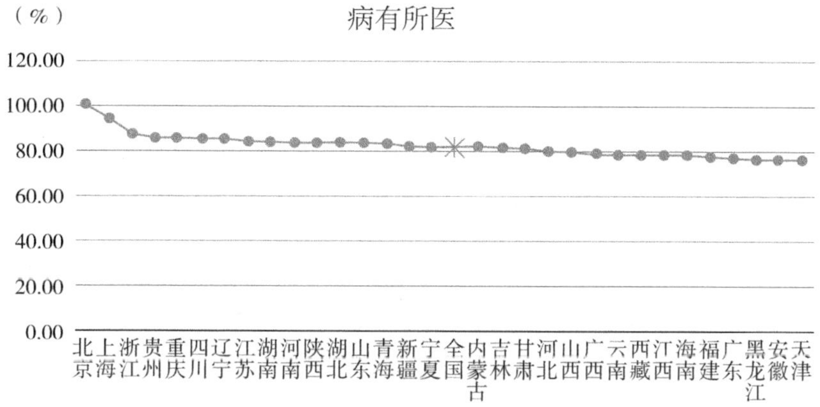

图7-5　2018年全国及各地区病有所医发展水平排序

从二、三级指标影响看，病有所医指标下现值与目标值相差最大的是城乡居民基本医疗保险年人均实际财政补助金额，全国平均仅有497元，因为我们将目标值设为31个省、自治区、直辖市中最高的上海（2059元），导致各地间差距明显。

总体上看尽管病有所医整体发展水平有待提升，但鉴于全国经济和各省区财政给付能力及转移支付、考虑城乡差异，实际上全国范围内病有所医均衡程度相对较好，这一点从31个省、自治区、直辖市的极差、方差水平上也能看出，是9个领域中差异最小的，这与近年来国家大力发展农村合作医疗保险、缩小城乡差距密切相关。

5. 老有所养

全国及各省、自治区、直辖市老有所养项目整体发展水平低，且不均衡现象也十分突出。全国平均水平仅为54.92%，除北京（105.73%）、上海（90.16%）和浙江（83.02%）二市一省遥遥领先，其中只有北京超过100%目标值外，还有天津、内蒙古、江苏、广东4个省、自治区、直辖市高于60%，其余大多集中在35%~60%（见图7-6）。

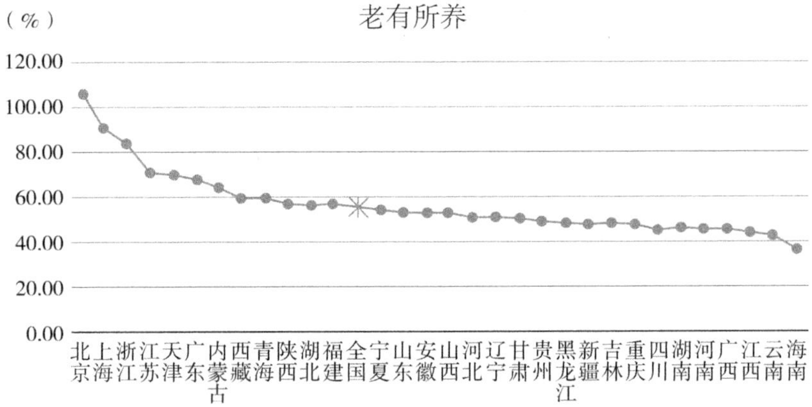

图7-6　2018年全国及各地区老有所养发展水平排序

分析二级和三级指标，可以看出二级指标养老助老服务和养老保险服务水平较低。养老助老服务下的三级指标中，我们以农村居民最低生活保障平均标准以最高的上海（12840.0元/年）为标准，相比之下，全国平均水平4833.4元/年的差距十分明显；此外，每万人拥有社会工作专业人才数全国仅为3.2人，与目标值8人相差较远。同样，我们将养老保险服务下企业退休人员人均基本养老金最高的西藏（4669.0元）作为目标值，而全国平均水平差异较大，仅为2597.0元，进一步凸显了差距。

6. 住有所居

全国及各省、自治区、直辖市住有所居项目发展水平较低，省域间发展失衡非常显著。全国平均水平仅为26.38%，是9个领域中得分最低的一项。地广人稀的新疆最高，也只有67.27%，其余各地均位于50%以下，大多数省区集中在20%~30%。其中，超过全国平均水平的地区由高到低依次为新疆、西藏、湖南、贵州、黑龙江、上海、青海、陕西、云南、内蒙古、江苏、江西、甘肃和四川，共14个地区，西部的省区市最多（见图7-7）。

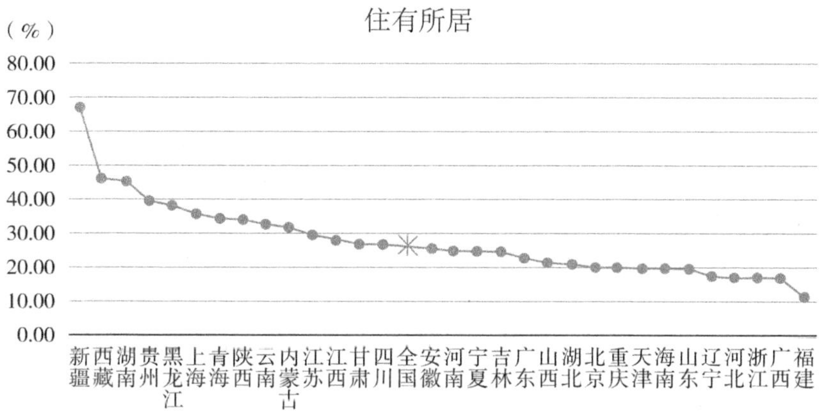

图7-7　2018年全国及各地区住有所居发展水平排序

住有所居保障是每个公民生存和发展最基本的需求，为突出发展的前景，我们将住有所居指标下的三个三级指标均以最大值为目标值为原则设置，相应突出了目标差距以及地区间发展明显不平衡问题。如年人均住房保障财政支出全国仅有451.5元，而将最高的西藏（1663.4元）设定为目标值，凸显了差距；用公共租赁住房（廉租住房）实物保障户数（在保）替代的公共租赁住房（廉租住房）实物保障户数（在保）占登记需要保障户数比例和用公租住房租赁补贴户数（在保）替代的公租住房租赁补贴户数（在保）占登记需要保障户数比例两个指标的目标值设定也是如此。

7. 弱有所扶

全国及各省、自治区、直辖市弱有所扶项目发展整体水平较低，各地间发展不平衡问题突出。全国平均水平为 52.34%，最高的吉林省 86.90%，其次为云南省 83.11%，其余各地均位于 80%以下。省域之间差异较大，最低的西藏仅为 15.29%，极差达到 71.61%。其中超过全国平均水平的省域由高到低依次为吉林、云南、陕西、山东、山西、上海、辽宁、广东、重庆、北京、江苏、浙江、内蒙古、黑龙江和河北共 15 个（见图 7-8）。

这一指标分值较低，主要是缘于社会救助服务程度较低。一是特殊教育学校师生比（教师人数=1）全国平均多达 11.4 人，距离小于等于 3 人的目标值相差近 4 倍，差距较大；残疾人文化活动参与率全国平均仅为 3.5%，而目标值为 100%，发展水平亟待增强。

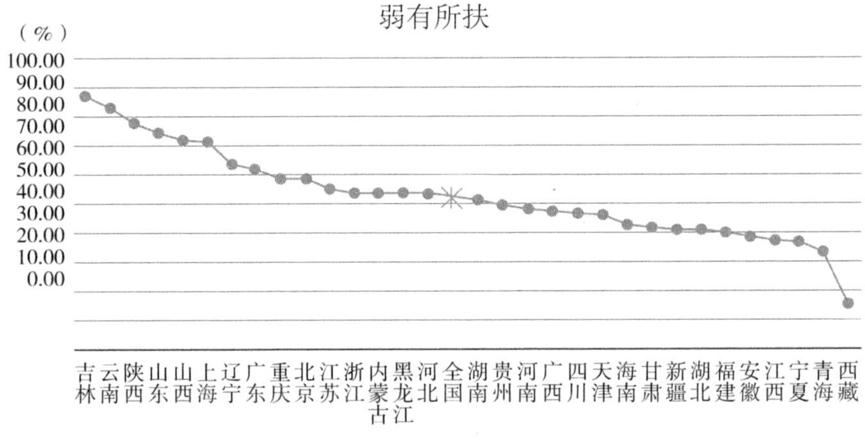

图 7-8 2018 年全国及各地区弱有所扶发展水平排序

8. 优军优抚服务

全国及各省、自治区、直辖市优军优抚服务项目发展水平较低，且省域间发展明显不平衡。全国平均水平为 27.12%，得分仅次于住有所居，在 9 个领域里排在倒数第二位。其中，发展最好的是北京（100%），而位于第二位的上海也只有 83.87%，其余各地均位于 60%以下，最低的甘肃仅为 17.21%。超过全国平均水平的省区市由高到低依次为北京、上海、内蒙古、天津、黑龙江、新疆、西藏、山西、宁夏、海南、青海、吉林、陕西、江苏、辽宁、广东、重庆、浙江和湖北共 19 个，占到 31 个省、自治区、直辖市的 61.3%。受到本次资料局限，这次评价只有优抚对象年均抚恤水平一项指标，严格意义上指标的代表性和覆盖面都不是很好，只能从收入一个方面反映。为了体现差异化，课题组仍以最大原则选取目标值，因此将最高的北京（32576.1 元/年）作为目标值，相应地，北京分值为 100%，各省、自治区、直辖市得分也就代表其占目标值的比重（见图 7-9）。

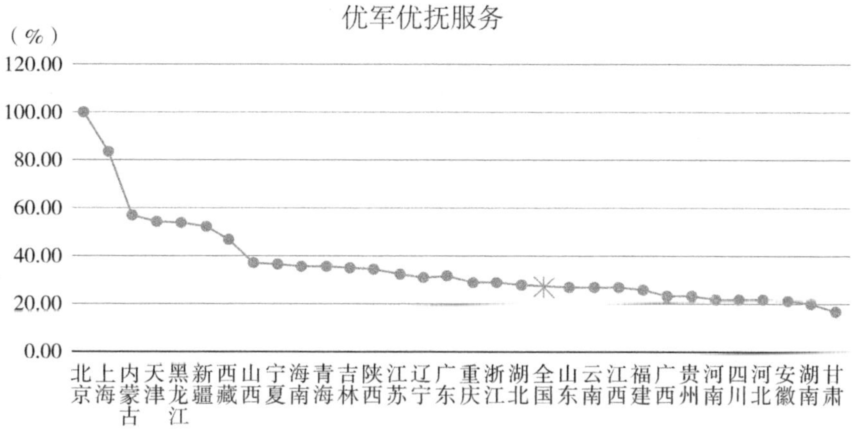

图 7-9　2018 年全国及各地区优军优抚服务发展水平排序

9. 文化体育保障

全国及各省域文化体育保障发展总体水平在 9 个领域中处于中等偏上水平，相对较好，但省、自治区、直辖市间不平衡问题也极为突出，是仅次于幼有所育的第二不平衡的领域。总体上看，全国平均水平为 76.89%，居于 9 个领域中的第三位，整体发展水平较好。其中发展水平超过目标值 100%的有 5 个省、自治区、直辖市，由高到低依次为浙江（165.90%）、上海（124.92%）、江苏（124.03%）、西藏（121.91%）和北京

(102.16%)，另外还有超过全国平均水平的宁夏、福建、陕西、广东、重庆和天津 6 个省、自治区、直辖市，共 11 个。这 11 个省、自治区、直辖市主要有下面几个特征：一是经济发达，11 个省、自治区、直辖市包含了中国经济最发达的浙江、江苏、广东、福建、北京以及上海；二是具有一定的文化底蕴，如陕西、浙江、江苏等；三是直辖市居多，11 个省、自治区、直辖市中集中了北京、上海、天津和重庆 4 个直辖市。各省、自治区、直辖市间发展不平衡的原因主要是每万人口拥有公共文化设施建筑面积、人均图书馆流通次数和人均参观博物馆人次数指标各地间差距明显，这也与前面总结的三个特征基本相呼应（见图 7-10）。

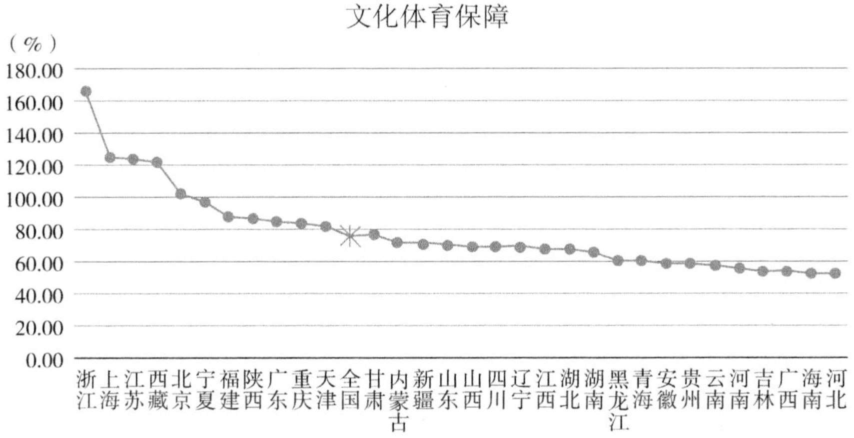

图 7-10　2018 年全国及各地区文化体育保障发展水平排序

四、小结

基于目标值设定，基本公共服务发展水平总结如下。

全国总体发展水平一般，9 大领域中除了学有所教基本上实现了目标、呈较好发展水平外，其余项目与发展目标都有较大的差距，其中住有所居、优军优抚差异较大。差异大的原因除了受到数据资料限制，指标存在一定的缺陷外，发展时间短、起步慢、区域间差异大等原因也是影响达标的一个重要原因。

分省、自治区、直辖市比较，9 个领域中，学有所教和病有所医这两项基本公共服务中最根本的保障发展较为平衡，无论是实现情况还是实现程度都相对较好；幼有所育、文化体育保障和劳有所得 3 项发展程度不高，区域间发展水平有一定差异，在 9 个领域中居中等水平；其他的，老有所养、住有所居、弱有所扶和优军优抚 4 项，受到起步晚、发展慢等各方面因素影响，整体发展水平低，且省域间发展极不平衡，亟待关注和解决。随着中国老龄化社会日益临近，老有所养问题亟待我们予以重视。

第八章　基本公共服务发展指数、发展水平及发展速度聚类分析

一、发展速度测算

（一）测算方法

根据上述构建的基本公共服务均等化指标体系，在全国及各地区基本公共服务发展水平和发展速度测算时，主要围绕9个一级指标、18个二级指标及41个三级指标。对这41个三级指标进行测算（见表7-1），其中研究区域选择、指标替代、权重及时限等与前部分计算分析内容保持一致。

在具体的测算发展速度中，首先采用发展指数的计算方法，然后再进行转化到年均增速上来。在测算时同样要进行正向和逆向两类属性指标的计算区分，如下：

正向指标发展指数计算公式为：$\sqrt[n]{\frac{X_{it}}{X_{i0}}} \times 100\%$

逆向指标发展指数计算公式为：$\sqrt[n]{1 + \frac{X_{i0} - X_{it}}{X_{i0}}} \times 100\%$

年均增速等于发展指数减去100%。

公式中的X_{it}为指标i的t年度值，这里选取2018年数据值；X_{i0}为指标i的基期值，这里选取2016年数据值，n为基期年与t年之间间隔年数。针对个别地区如西藏等的某个指标年度数据缺失时，可作相应处理：若缺失2016年数据，基期则相应调整到2017年，计算公式中根号去掉；若仅

有 2018 年数据，发展指数直接赋值 100%。

此外，在计算中，采取的是由三级指标开始的做法，所以在计算时按照权重进行分级加总，具体的各级各指标权重附在表 5-1、表 7-2 中各指标后。

（二）测算结果

基于上面的数据来源和测算方法，全国及各地区基本公共服务发展速度测算结果见表 8-1、图 8-1。从表中第二列可以看出综合发展速度，2016—2018 年全国整体基本公共服务年均发展增速为 3.14%，分别低于 GDP（可比价）年均增速 6.66%和一般公共预算收入 6.80%，增长速度缓慢，同时各省域增速的差距也较大。2018 年各省域基本公共服务发展速度较全国平均水平的分布情况，发展速度较慢的区域主要为两类，一是西部欠发达地区，二是东中部区域，两类地区的原因不尽相同，有待进一步分析。

表 8-1　2016—2018 年全国及各省域基本公共服务总体及分项发展速度（%）

	综合	幼有所育	学有所教	劳有所得	病有所医	老有所养	住有所居	弱有所扶	优军优抚服务	文化体育保障
全国	3.14	0.30	0.78	3.32	11.14	7.81	-0.95	-15.24	12.71	5.46
北京	10.74	-1.77	3.56	35.47	7.34	5.37	-12.05	19.56	9.30	26.67
天津	0.90	-2.93	0.37	-6.01	2.20	7.20	-13.56	-6.14	15.68	13.16
河北	5.00	2.44	0.46	-3.03	7.82	6.72	0.68	16.59	13.03	6.70
山西	2.30	-1.88	2.65	-0.71	19.59	9.04	-7.01	-33.91	10.01	12.05
内蒙古	8.51	1.68	1.93	12.58	14.06	10.72	1.81	23.32	0.89	7.27
辽宁	4.91	0.92	0.69	-0.80	13.10	6.54	-0.40	5.69	16.49	5.09
吉林	4.21	0.32	2.01	10.87	15.64	7.51	-7.13	-12.09	8.67	4.08
黑龙江	9.71	-3.68	0.05	5.18	14.45	7.16	16.17	10.41	54.22	2.18
上海	-1.11	2.30	1.90	-17.14	6.42	9.29	13.84	-35.49	7.90	-1.02

续表

	综合	幼有所育	学有所教	劳有所得	病有所医	老有所养	住有所居	弱有所扶	优军优抚服务	文化体育保障
江 苏	0. 68	-35. 31	-1. 14	4. 31	11. 39	6. 78	15. 25	-20. 86	9. 62	8. 36
浙 江	5. 70	2. 20	1. 14	-0. 38	5. 53	10. 96	8. 61	15. 63	7. 71	4. 54
安 徽	4. 53	2. 67	-0. 99	4. 89	23. 03	8. 99	-8. 21	-12. 41	7. 74	7. 32
福 建	4. 90	0. 10	-0. 88	13. 11	18. 90	12. 43	-10. 49	-13. 66	9. 90	5. 51
江 西	2. 21	1. 76	-0. 06	5. 02	18. 23	5. 07	-4. 92	-28. 54	12. 01	3. 73
山 东	7. 19	0. 02	1. 21	-0. 28	4. 60	5. 67	7. 97	44. 95	5. 74	4. 90
河 南	4. 89	-2. 48	-0. 11	10. 04	26. 00	7. 02	-14. 50	-11. 63	12. 28	7. 62
湖 北	7. 19	-3. 25	-1. 16	2. 28	17. 64	10. 14	-11. 90	31. 01	16. 07	7. 35
湖 南	4. 46	3. 15	-0. 19	2. 85	14. 16	9. 95	-2. 27	-7. 75	15. 31	3. 87
广 东	1. 14	-0. 34	0. 74	0. 04	3. 75	7. 43	-7. 12	-13. 71	15. 89	3. 21
广 西	14. 33	-1. 12	-3. 82	53. 36	26. 99	6. 99	-9. 82	32. 56	19. 12	0. 36
海 南	4. 39	-1. 30	-1. 03	-2. 40	13. 26	2. 68	-1. 03	-3. 33	19. 39	18. 12
重 庆	2. 08	0. 70	-0. 71	5. 52	4. 36	7. 94	-4. 58	-19. 24	19. 68	5. 38
四 川	2. 25	2. 76	0. 51	-1. 92	8. 67	8. 03	-2. 68	-9. 85	10. 31	3. 17
贵 州	7. 33	-1. 50	-0. 02	24. 77	27. 32	9. 42	-2. 51	-21. 73	9. 42	7. 16
云 南	10. 60	-0. 40	-1. 02	10. 49	22. 97	6. 46	0. 45	34. 94	25. 79	3. 91
西 藏	0. 03	0. 17	-0. 39	6. 90	26. 96	5. 19	-0. 28	-57. 68	7. 87	-6. 02
陕 西	7. 56	2. 32	1. 33	7. 02	18. 51	9. 19	-2. 88	13. 45	13. 21	5. 62
甘 肃	9. 03	0. 90	2. 92	13. 63	27. 11	10. 21	-1. 61	8. 65	7. 06	4. 55
青 海	1. 79	6. 24	-6. 40	11. 21	19. 53	5. 40	-10. 94	-24. 44	1. 62	4. 34
宁 夏	10. 89	2. 60	-1. 23	71. 95	2. 97	5. 68	-7. 81	-21. 32	8. 56	23. 72
新 疆	-1. 99	2. 68	-0. 66	1. 34	12. 78	3. 22	-8. 07	-48. 77	8. 63	0. 00

省、自治区、直辖市增速超过10%的地区有4个，由高到低依次为广西、宁夏、北京和云南，分别为14. 33%、10. 89%、10. 74%和10. 60%，

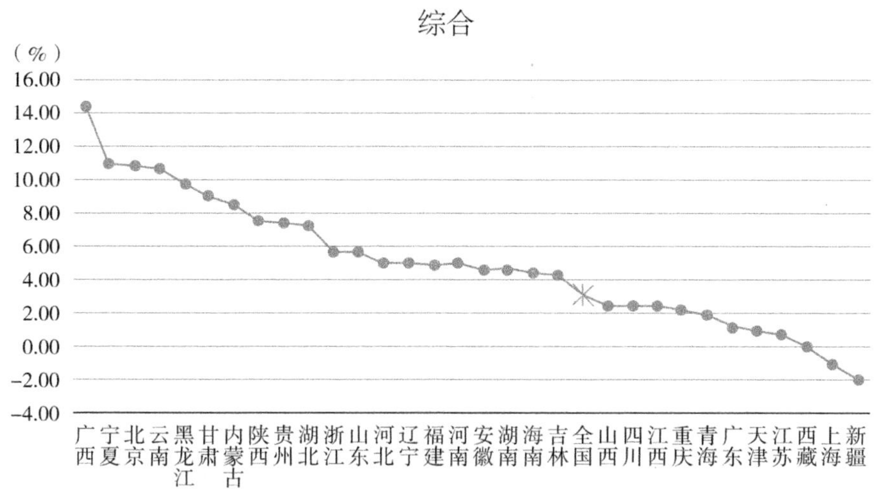

图 8-1　2016—2018 年全国及各地区基本公共服务综合发展速度排序

负向增速的地区为上海和新疆，分别为-1.11%和-1.99%。超过全国平均增速的地区有 20 个，由高到低排名依次为广西、宁夏、北京、云南、黑龙江、甘肃、内蒙古、陕西、贵州、湖北、浙江、山东、河北、辽宁、福建、河南、安徽、湖南、海南和吉林。

1. 幼有所育

全国幼有所育领域年均增速为 0.30%。结合各省、自治区、直辖市情况看（见图 8-2），区域间的差距较明显，增速最快的为青海，达到 6.24%，最低的为江苏，为-35.31%，江苏严重低于全国其他地区的原因是其孕产妇死亡率一项由 2016 年的 2.2%提高到 2018 年的 9.5%。有 16 个省、自治区、直辖市增速超过全国平均水平，由高到低排名依次为青海、湖南、四川、新疆、安徽、宁夏、河北、陕西、上海、浙江、江西、内蒙古、辽宁、甘肃、重庆和吉林，其中西部地区占了 8 个。负向增长的地区包括广东、云南、广西、海南、贵州、北京、山西、河南、天津、湖北、黑龙江和江苏等地区。

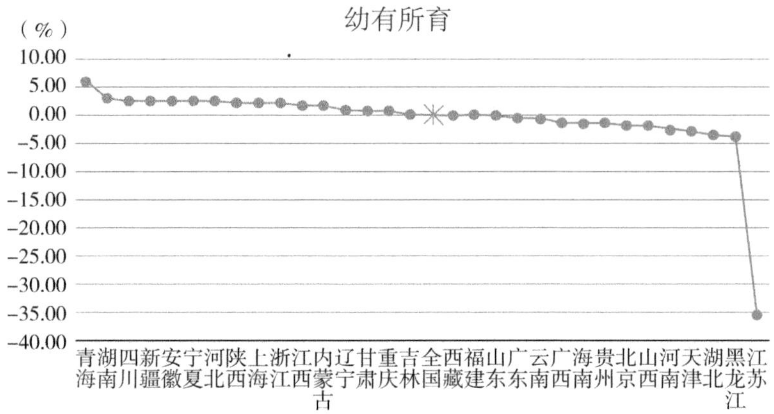

图 8-2　2016—2018 年全国及各地区幼有所育发展速度排序

2. 学有所教

全国学有所教领域年均增速为 0.78%，省域间差异也十分明显（见图 8-3），其中增速最快的是北京（3.56%），超过全国平均增速的地区只有 9 个，由高到低排名依次为北京、甘肃、山西、吉林、内蒙古、上海、陕西、山东和浙江；而负向增长的省域有 16 个，分别是贵州、江西、河南、湖南、西藏、新疆、重庆、福建、安徽、云南、海南、江苏、湖北、宁夏、广西和青海。其中青海和广西两省区负增长较为明显，其中一个重要原因是中等职业教育师生比指标增长指数明显偏低，分别为 -6.40% 和 -3.82%，显著低于全国平均水平的 0.78%。

3. 劳有所得

全国劳有所得年均增速 3.32%，从各地区看（见图 8-4）差异明显，宁夏、广西、北京和贵州增速较高，分别达到 71.95%、53.36%、35.47% 和 24.77%。直接的原因是接受创业服务人数占登记就业人数比重增长指数明显高于其他地区，分别为 373.9%、235.9%、250.2% 和 153.2%，显著高于全国平均水平的 106.7%。31 个省、自治区、直辖市有 18 个增速超过全国平均水平，由高到低排名依次为宁夏、广西、北京、贵州、甘肃、

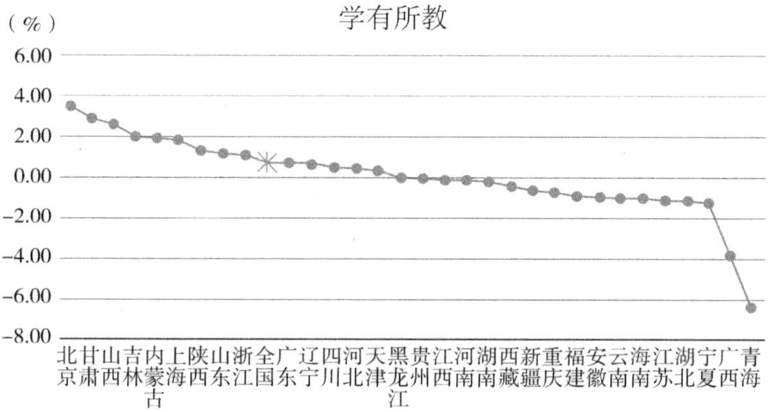

图 8-3　2016—2018 年全国及各地区学有所教发展速度排序

福建、内蒙古、青海、吉林、云南、河南、陕西、西藏、重庆、黑龙江、江西、安徽和江苏。负向增速的地区有山东、浙江、山西、辽宁、四川、海南、河北、天津和上海 9 个。

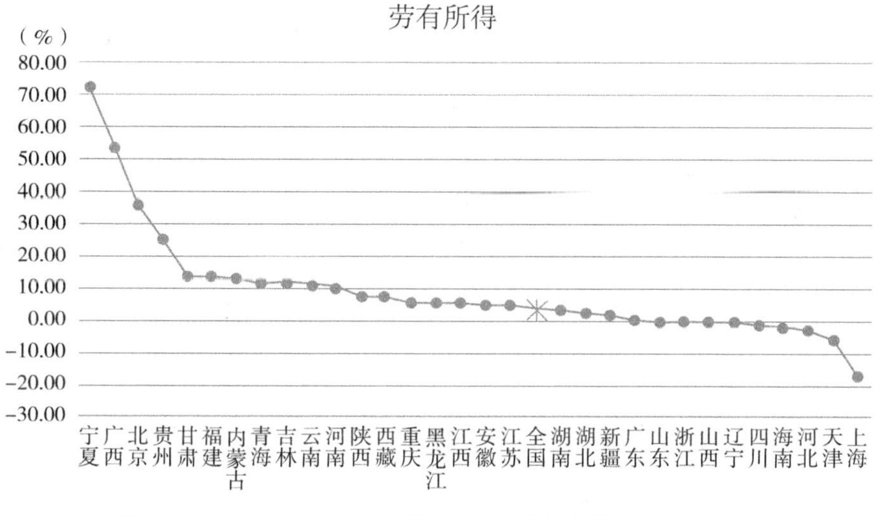

图 8-4　2016—2018 年全国及各地区劳有所得发展速度排序

4. 病有所医

全国病有所医增速为 11.14%，在 9 个领域里居第二位，仅次于优军优抚增速。分省域看（见图 8-5）整体发展水平较好，各地均为正向增长，经济发展水平相对落后的地区相对增速更高，如排名前几位的是贵州、甘肃、广西和西藏，增速分别达到 27.32%、27.11%、26.99% 和 26.96%。各地区中增速最低的地区为天津（2.20%）。有 21 个省、自治区、直辖市增速超过全国平均水平，由高到低排名依次为贵州、甘肃、广西、西藏、河南、安徽、云南、山西、青海、福建、陕西、江西、湖北、吉林、黑龙江、湖南、内蒙古、海南、辽宁、新疆和江苏。

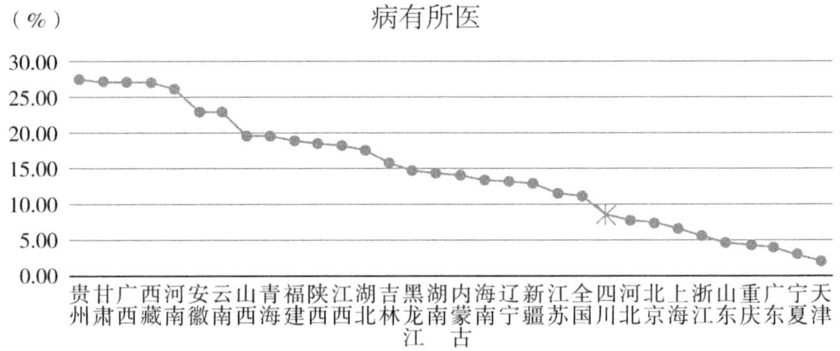

图 8-5　2016—2018 年全国及各地区病有所医发展速度排序

5. 老有所养

全国老有所养年均增速为 7.81%，发展势头良好。分省域看（见图 8-6），各省域均为正向增长，其中增速最高的福建省，达到 12.43%，最低增速的地区为海南（2.68%）。有 13 个省域增速超过全国平均水平，由高到低排名依次为福建、浙江、内蒙古、甘肃、湖北、湖南、贵州、上海、陕西、山西、安徽、四川和重庆。

6. 住有所居

住有所居的发展出现了停滞，2016—2018 年增速为-0.95%。从各省、自治区、直辖市情况看（见图 8-7），住有所居出现停滞是全国普遍现象，绝大多数地区呈现负向增速发展，其中退步最大的省份为河南，年均增速为-14.50%。仅有黑龙江、江苏、上海、浙江、山东、内蒙古、河北和云

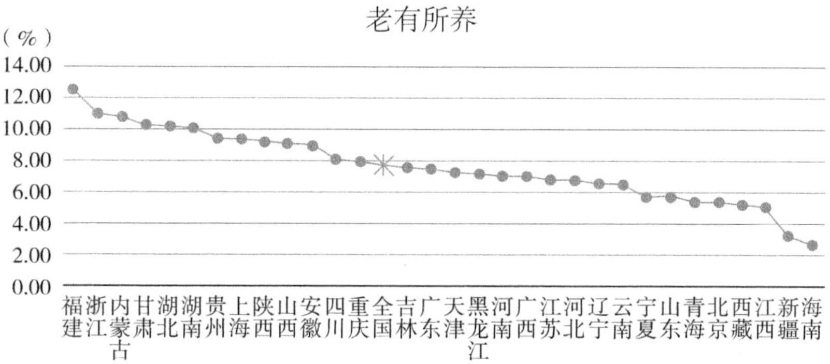

图 8-6　2016—2018 年全国及各地区老有所养发展速度排序

南 8 个省、自治区、直辖市保持了增长态势，年均增速依次分别为 16.17%、15.25%、13.84%、8.61%、7.97%、1.81%、0.68%、0.45%。黑龙江和江苏增速明显高于其他地区的原因是其公租住房租赁补贴户数（在保）占登记需要保障户数比例增长指数远高于其他地区，分别为 163.2%和 110.6%，显著高于全国平均水平的 94.3%。上海增速明显高于其他地区的原因是其公共租赁住房（廉租住房）实物保障户数（在保）占登记需要保障户数比例增长指数比例最高，达到 145.2%，显著高于全国平均水平的 103.5%。从这个分析也可以看出，有一类指标因为政策出台而在短期内有一个快速的增长，也会因政策实施和推动的区域性特征而导致区域间差异化特征，短期内作为监测指标可以有效地观察到政策实施推进的效果，但一旦目标完成，就需要作相应调整或替换。

7. 弱有所扶

全国弱有所扶不增反降，2018 年比 2016 年年均递减 15.24%。分省域看（见图 8-8），发展速度呈现明显的两极分化趋势。全国绝大多数省域呈负向发展，其中减速最快的是西藏，年均递减了 57.68%。31 个省、自治区、直辖市中山东、云南、广西、湖北、内蒙古、北京、河北、浙江、陕西、黑龙江、甘肃和辽宁 12 个呈增长态势，年均增速从 44.95% 到 5.69%不等。弱有所扶出现明显的两极分化的主要原因是特殊教育学校师生

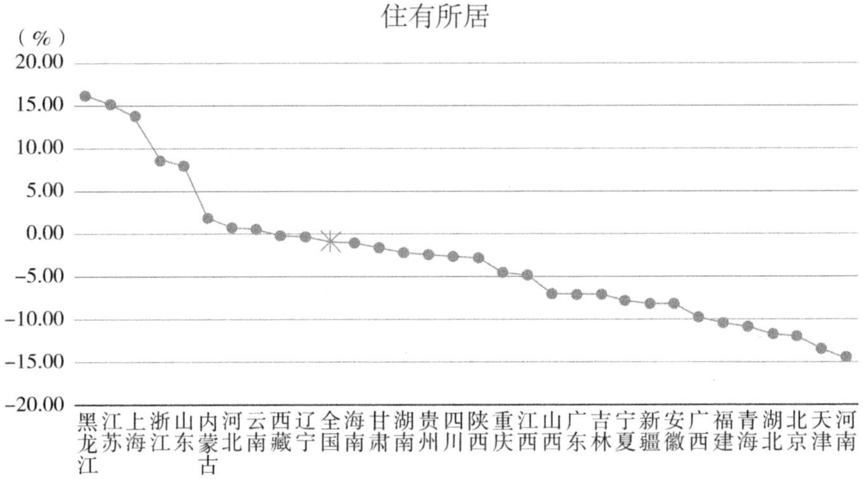

图 8-7　2016—2018 年全国及各地区住有所居发展速度排序

比，全国年均递减 92.2%，而山东却递增 52.2%，新疆出现断崖式下跌，年均递减了 188.0%。另一项指标——残疾人基本康复服务覆盖率，全国平均增速 186.2%，增速最快的北京达到 353.3%，但西藏却递减了 51.6%。

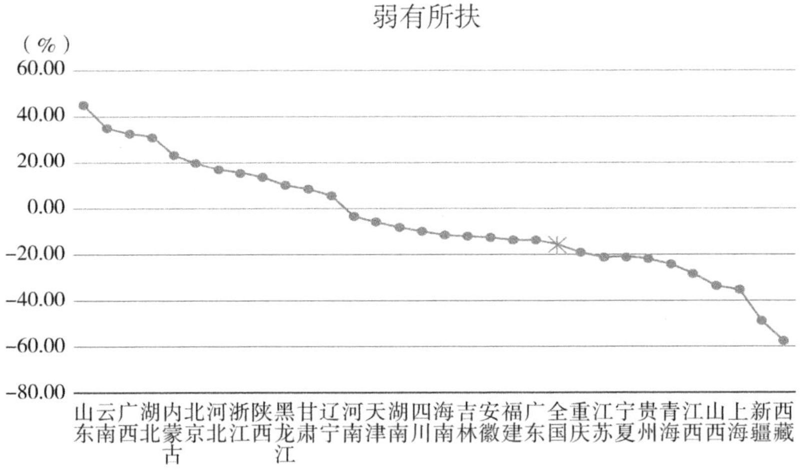

图 8-8　2016—2018 年全国及各地区弱有所扶发展速度排序

8. 优军优抚服务

全国优军优抚服务发展态势较好，全国年平均增速达到 12.71%，各省域（见图 8-9）都保持了正向增长态势，发展势头良好。其中，增速最快的是黑龙江，年均增长 54.22%，远高于其他地区，其优抚对象年均抚恤水平增长率较高，达到 154.2%。有 12 个省、自治区、直辖市的优军优抚增速超过全国平均水平，由高到低排名依次为黑龙江、云南、重庆、海南、广西、辽宁、湖北、广东、天津、湖南、陕西和河北。

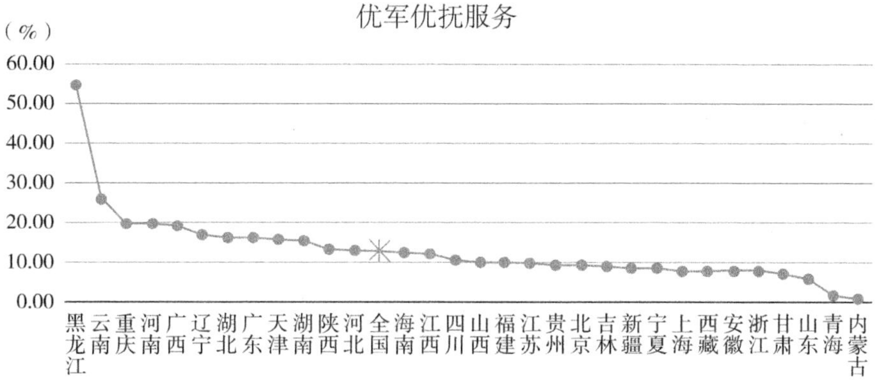

图 8-9　2016—2018 年全国及各地区优军优抚服务发展速度排序

9. 文化体育保障

全国文化体育保障年均增速 5.46%，除上海和西藏两地区出现减少，其余省、自治区、直辖市都保持了或快或慢的正向增长趋势（见图 8-10）。其中，共有 14 个省、自治区、直辖市增速超过全国平均水平，由高到低依次为北京、宁夏、海南、天津、山西、江苏、河南、湖北、安徽、内蒙古、贵州、河北、陕西和福建。上海和西藏两地增速为负，分别为-1.02%和-6.02%，前者是由于上海人均图书馆流通次数年均增长指数 85.2%，低于全国的 110.9%；后者是由于西藏人均参观博物馆人次数年均增长指数为 59.4%，处于最后一位，远低于全国的 110.0%。

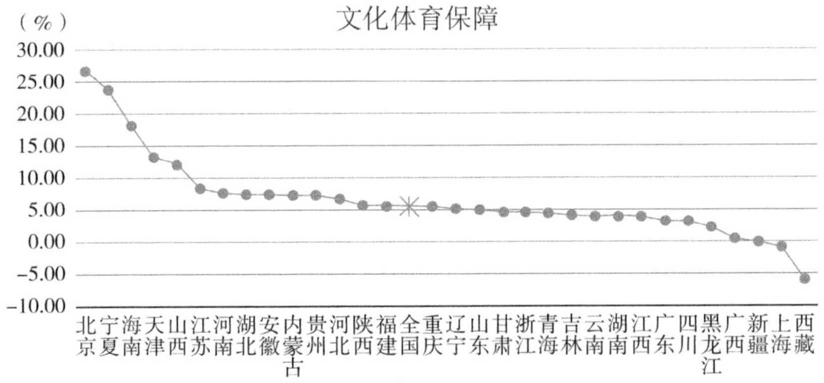

图 8-10　2016—2018 年全国及各地区文化体育保障发展速度排序

二、聚类分析

（一）分析方法

经过前面分省域、分领域分析，对不同地区、不同领域发展情况有了基本的数据。为了更好地结合基本公共服务发展指数、发展水平、发展速度，观察 31 个省、自治区、直辖市基本公共服务特征，我们在上述分析的基础上进行聚类分析，以求结合不同发展水平、不同发展速度，在分地区各自特征中找出共性，为优化基本公共服务均等化发展政策提供微观数据支撑，为中国方案制订提供理论依据。

结合表 8-2 计算结果，对基本公共服务总体发展指数、发展水平、发展速度进行计算聚类——距离指标 D（Distance）的欧氏距离（Euclidean Distance）聚类分析。

表 8-2　2018 年基本公共服务总体发展指数、发展水平、发展速度计算结果

地区	发展指数	发展水平	发展速度
北 京	0. 685	97. 38	10. 74
天 津	0. 53	77. 43	0. 9

续表

地区	发展指数	发展水平	发展速度
河 北	0. 464	64. 02	5
山 西	0. 49	71. 01	2. 3
内蒙古	0. 542	75. 48	8. 51
辽 宁	0. 483	69. 08	4. 91
吉 林	0. 505	72. 16	4. 21
黑龙江	0. 514	69. 7	9. 71
上 海	0. 637	101. 41	-1. 11
江 苏	0. 545	80. 53	0. 68
浙 江	0. 574	86. 83	5. 7
安 徽	0. 456	63. 62	4. 53
福 建	0. 456	66. 66	4. 9
江 西	0. 473	63. 01	2. 21
山 东	0. 501	70. 9	7. 19
河 南	0. 48	62. 55	4. 89
湖 北	0. 495	67. 87	7. 19
湖 南	0. 504	68. 72	4. 46
广 东	0. 481	71. 48	1. 14
广 西	0. 449	59. 96	14. 33
海 南	0. 414	58. 88	4. 39
重 庆	0. 515	69. 45	2. 08
四 川	0. 495	66. 97	2. 25
贵 州	0. 498	65. 51	7. 33
云 南	0. 507	66. 31	10. 6
西 藏	0. 519	71. 6	0. 03

续表

地区	发展指数	发展水平	发展速度
陕 西	0.533	75.56	7.56
甘 肃	0.481	66.99	9.03
青 海	0.557	64.7	1.79
宁 夏	0.533	71.56	10.89
新 疆	0.529	73.99	-1.99

（二）计算结果

通过31个省、自治区、直辖市的基本公共服务总体发展指数、发展水平、发展速度进行计算聚类分析，当聚类分析到群集时，分类特征变化趋于稳定，可将31个省、自治区、直辖市划分为5个大类（见图8-11）。

第一类：北京，其显著特征为发展指数、发展水平、发展速度均处于相对较高的水平；

第二类：天津、江苏、浙江和新疆4个省、自治区、直辖市，其显著特征为发展指数、发展水平处于一般水平，发展速度处于相对较低水平；

第三类：河北、山西、内蒙古、辽宁、吉林、黑龙江、安徽、福建、江西、山东、河南、湖北、湖南、广东、海南、重庆、四川、贵州、云南、西藏、陕西、甘肃、青海、宁夏24个省、自治区、直辖市，其显著特征为发展指数、发展水平处于较低水平，发展速度处于一般水平；

第四类：上海，其显著特征为发展指数、发展水平处于较高水平，发展速度处于相对较低水平，个别领域出现负增长现象；

第五类：广西，其显著特征为发展指数、发展水平处于极低水平，发展速度处于相对较高水平。

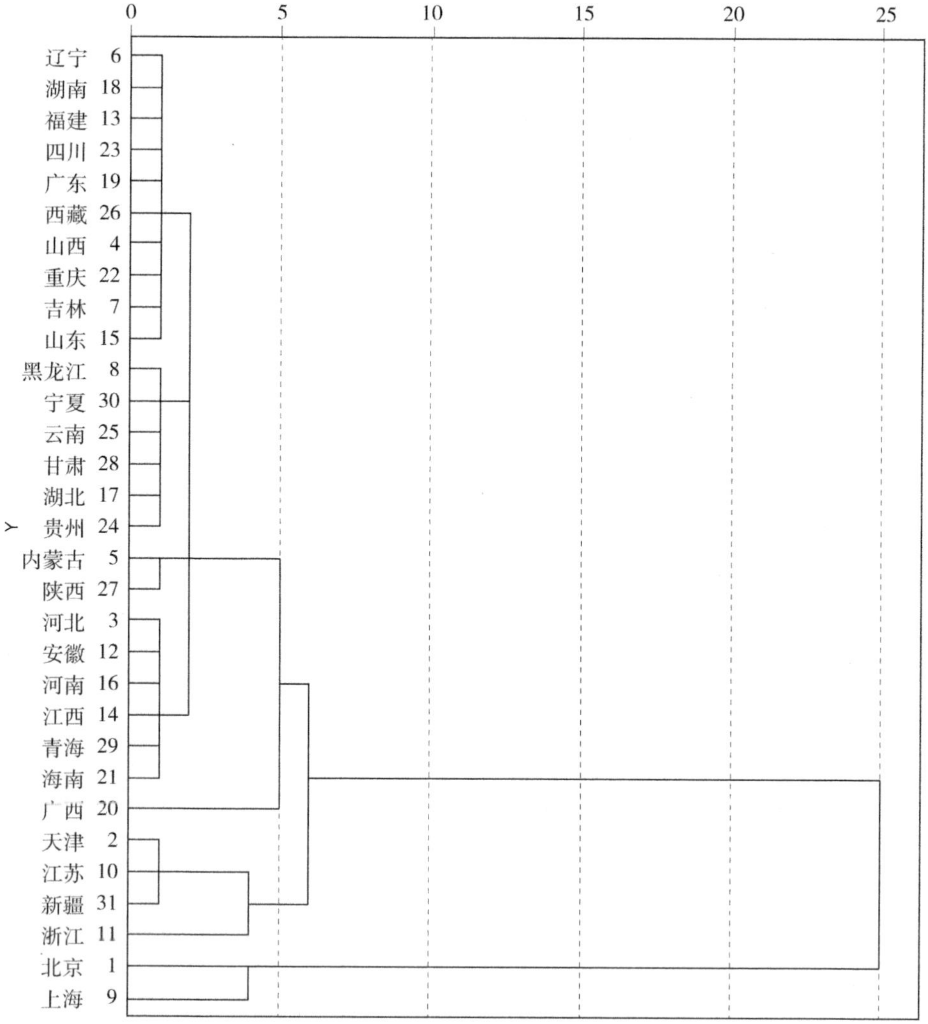

图 8-11　平均联结（组间）树状图

三、小结

北京一枝独秀，处于高水平快速发展阶段，遥遥领先于全国其他省、自治区、直辖市，从自身角度看不是坏事，但从全国层面看，北京超出其他省域能力水平几个量级的发展，一个侧面反映出资源分配不公平，会对全国基本公共服务均等化发展产生怎样的影响还需要深入探索；同时，作为另一个典型案例——上海，在较高水平阶段的负增长现象出现，也需要引起我们的重视，需要深入探求其内在的根本原因，是快速发展到一定程度进入瓶颈期，还是受到政策、社会经济某些方面影响作出的调整？这一情况是短期存在，还是会长期伴随上海（或其他区域）的发展？从短期看，对全国基本公共服务均等化发展会产生正向影响吗？从中长期看，在当前我国基本公共服务总体水平不高的情况下，上海的滞胀是否会影响全国整体的健康发展？是否还有其他潜在的风险？

天津、江苏、浙江、新疆 4 个省、自治区、直辖市一般发展水平下的低速发展以及河北、山西、内蒙古、辽宁、吉林、黑龙江、安徽、福建、江西、山东、河南、湖北、湖南、广东、海南、重庆、四川、贵州、云南、西藏、陕西、甘肃、青海、宁夏、广西 25 个省、自治区、直辖市低水平下的一般速度/较快速度发展是我国当前普遍面临的两类状况。两者各自的特征及其潜在的机理有哪些？两类发展模式将会以哪一类为主发生在未来一段时期？两类发展模式会对全国基本公共服务均等化发展形成哪些有利和不利影响？

对于有异质变动趋势的省域、领域或指标，需要进行深入的研究。受制于研究资料局限、统计数据不健全等客观因素影响，同时也存在指标选取不完善、代表性不够等主观因素影响，本书结果势必会存在一定的局限性。但是即便如此，本书仍然识别了一些统一指标体系下存在的共性问题，这些问题可能是当前基本公共服务供给过程中存在的难点和重点。

第九章 新时代背景下基本公共服务均等化评价：中国方案

一、基本公共服务均等化的政策导向

（一）高质量发展导向

自党的十八大以来，基本公共服务均等化政策导向及要求逐步完善和清晰。2018 年 12 月，中共中央办公厅、国务院办公厅印发了《指导意见》。《指导意见》指出以标准化促进基本公共服务均等化、普惠化、便捷化。《指导意见》强调确保基本公共服务覆盖全民、兜住底线、均等享有，到 2035 年，基本公共服务均等化基本实现，现代化水平不断提升。《指导意见》明确国家基本公共服务质量要求，提出幼有所育、学有所教、劳有所得、病有所医、老有所养、住有所居、弱有所扶以及优军服务保障、文体服务保障 9 个方面的具体保障范围和质量要求。其中主要强调基本公共服务的可及性、获得感和均等化，这标志着我国基本公共服务均等化评价从发展水平单一维度评价阶段步入发展水平、发展质量、发展效率等多维度评价阶段。

（二）特惠性向普惠性发展导向

特惠性向普惠性发展导向及要求主要包含两方面的内容：一是不同群体之间的特惠与普惠。主要集中在我国的精准扶贫阶段，贫困人口与非贫困人口之间基本公共服务政策的差异性；二是不同区域之间的特惠与普惠。国家基本公共服务体系“十二五”规划首次提出城乡、区域之间基本公共服务水平较为均衡的发展要求。不同区域之间的特惠与普惠主要体现在相对发达地区与相对欠发达地区，因地方财政收入差异而导致的基本公共服务投入差异性。

同时，我国基本公共服务均等化同世界大多数国家一样，在基本公共服务普惠化的同时包含了对特定人群和特定区域的特惠支持，即普惠过程中包含了特惠的均等化。从福利经济学的角度，在特定人群或区域得到福祉而其他人群或区域福祉不会减少或降低的情况下，社会总福祉增加，属于均等化的要求和范畴。

在特惠性向普惠性发展导向及要求下，基本公共服务均等化的统计综合评价主体需要在充分考虑公共性的同时还要兼顾特殊性，并且在特定人群和特定区域进入动态化管理的条件下，基本公共服务均等化统计综合评价的指标和方法还需要进行动态调整。

二、均等化评价导向

（一）评价主体演变

从世界各国基本公共服务均等化发展历程来看，皆由特惠化初始，且一般都以单独领域逐一推动。受经济社会发展水平限制，基本公共服务项目的推广是一个较长的发展过程，均等化的发展时间就更为长久。我国用几十年的时间完成了发达国家上百年甚至几百年的发展历程，实属不易。基本公共服务从无到有需要完成基本覆盖和均等化两个方面的任务，并且所有领域全面推进，加之国家幅员辽阔，区域社会经济发展水平参差不齐，城乡差异较大，其中的重点和难点多且繁杂，评价的主体也会随之有所调整。目前，我国的基本公共服务均等化即将步入高质量发展阶段，加之2020年随着全面建设小康社会收官，消除农村绝对贫困的任务即将完成，基本公共服务将会担负起更多的社会责任和义务，基于此，公共性将成为主要的评价主体，同时需要充分保证特惠主体的可及性和获得感。

（二）评价范畴及内容发展

基本公共服务发展初期，要求相对单一，更多关注了广度的需求，而对深度的关注相对较少，因此，初期的评价范畴及内容更多以覆盖面、普及率以及发展速度等作为发展水平评价，相应地，缺乏对供给质量、效率、可及度、满意度等更为深层次的服务内容和范畴进行评价。在党的十八大之前，我国对基本公共服务的发展思路基本上处于初期关注覆盖面和增长阶段，对均等化的统计评价主要也是以覆盖率、增长率为单一维度。党的十九大之后随着国家对基本公共服务提出了明确的发展质量要求，对均等化的探讨也向多维度、高标准、高效率转变。因此，基本公共服务评价的范畴和内容也应随之变化，应该侧重发展水平、发展质量和发展效率三个方面。

（三）评价指标选取趋向

一是从侧重总量指标向侧重均量指标变化。基本公共服务体现的是对个体或群体的保障，而均等化更多要关注群体或个体获得的均衡程度，因此在指标选取和计算方面应以均量指标与总量指标相结合的方式，更加侧重均量指标。

二是指标的典型性与代表性要求更高。在新时代背景下，社会主要矛盾已经转化为人民日益增长的美好生活需要和不平衡不充分的发展之间的矛盾。随着经济社会取得巨大发展，我国基本公共服务所涉及的领域和涵盖的内容都在很大程度上不断增加，从统计指标看，涉及领域无论是数量还是规模都会大幅度增加。全指标统计及分析固然重要，但对于监测和评价来说，将会过于繁杂且不利于识别重点予以监测及评价，因此，针对基本公共服务均等化的统计评价指标需要精简，对典型性和代表性有更高的要求，尽可能在保证评价结果客观公正基础上简化全指标评价的繁杂。这项工作并不容易完成，需要经过一段时间的测算，并能通过实践的检验。

三是指标统一性与差异性的合理利用。在典型性与代表性指标的选取过程中，既要考虑到指标的统一性，又要考虑指标的差异性。不同群体或不同区域的发展水平、发展质量、发展效率各有千秋，如果用来作为长时期监测发展趋势和总体情况的指标，在突出指标的典型性和代表性基础上，还需要强调指标的统一性，但如果作为对均等化评价的指标选取，为了更好地反映出当下一段时期群体和区域间的差异及其各自特征，指标的选取应更强调目前发展的重点以及群体和区域之间的差异性，因此，指标的选取也就要以识别差异为原则，而不一定是典型性和代表性，这也是为什么评价指标适时进行动态调整的一个重要原因。

（四）评价指标目标值确定

不同目标值设置思路下的评价结果具有较大的差异，因此在不同阶段目标值的设计也应有所不同。前面的测算，课题组选用了高标准设计目标值的思路，从测算可以看出，这一类目标值反映的评价结果会存在很多问题和缺陷。在基本公共服务均等化发展初级阶段，因为强调服务供给的覆盖面和增长速度，所以，目标值的设定总体可以以具体目标为准，评价目标的设计相对简便。但步入高质量发展阶段后，由于不同地区、不同群体基本公共服务供给的领域不同、阶段不同，目标值的设定会变得更为复杂和多元，因此要结合短期和中长期发展目标进行综合考量。从短期看，仍然可以沿用传统的以具体目标设定值为准的方法，但由于中长期目标不能像短期目标一样具体，也会随着经济社会发展进行动态调整，因而从中长期发展视域下提出的目标值，需要一个科学研究和论证的过程，在借鉴国际经验和发展标准的基础上，要充分考虑我国基本国情和经济社会发展水平与趋势。

三、均等化的统计指标确定

（一）统计指标的细化及补充完善

党的十九大提出，为了满足人民对美好生活的需要，要不断完善基本公共服务体系，让全体人民的安全感、幸福感和获得感进一步增强，到2035年基本公共服务均等化基本实现。

2018年12月，中共中央办公厅、国务院办公厅联合印发的《指导意见》指出：完善各级各类基本公共服务体系，明确基本公共服务的质量要求，创新基本公共服务标准实施机制，要实施动态预警监测。同时，《指导意见》还强调要确保基本公共服务覆盖全民、兜住底线、均等享有的基本目标，2035年基本实现基本公共服务的均等化，现代化水平不断提升。2019年中央一号文件又重点强调了要优先安排农村公共服务的发展，推进城乡基本公共服务标准统一、制度并轨，实现从形式上的普惠向实质上的公平转变。可见，新时代背景下，基本公共服务在供给内容和供给范畴两方面不断深入扩大，对发展质量和发展效率两方面的要求进一步提高，因此，为适应这一改变，设计基本公共服务均等化的统计口径和指标体系，需要在发展内容的基础上不断细化和补充完善。

因以省级数据的评价最终只能得出国家层面的综合数据，又由于各国发展阶段和内容差异很大，统计指标和数据及其标准也各有差异，并没有普遍的可比性，因此，针对均等化的评价较为科学合理的方法应放在31个省、自治区、直辖市基础上进行。这就需要统计局完善以地级市（或以下）为单元的相关数据，以便为省级均等化评价奠定资料基础，本书因缺乏相关数据支撑，舍弃了对各省域基本公共服务综合和分领域的评价部分。

在前面章节初建基本公共服务均等化统计综合评价指标体系及进行初

步测评的过程中发现，按照《指导意见》明确的国家基本公共服务质量要求所提出的幼有所育、学有所教、劳有所得、病有所医、老有所养、住有所居、弱有所扶以及优军服务保障、文体服务保障 9 个领域的具体保障范围和质量要求，部分指标存在统计指标缺失或数据不全情况。如：九年义务教育巩固率（%）、普通高中家庭困难学生受资助占比（%）、失业保险参保率（%）、工伤保险参保率（%）、每万人 ICU 床位数（个）、食品质量检测合格率（%）、大病医疗费用报销比例（%）、养老保险参保率（%）、城镇棚户区住房改造占登记需要改造户数比例（%）、农村危房改造竣工户数占登记需要改造户数比例（%）、残疾人公共法律服务覆盖率（%）、复员退伍军人安置率（%）、国民综合阅读率（%）、人均拥有体育场地面积（平方米）、每万人经常参加体育锻炼人数（次）等 16 项指标均存在统计指标缺失或统计数据不全而无法均量化的情况。主要的原因是基本公共服务新纳入的保障内容和范畴，导致很多增加的内容不在之前统计范围之内，主要集中在：住有所居、文体服务保障、优军服务保障、弱有所扶、学有所教以及食品安全等新领域。因此，为了更好地监测基本公共服务均等化发展水平和质量，应首先从及时完善统计指标和数据入手。

（二）统计数据的统一性与精准性

由于基本公共服务所涉及的 9 个领域主要是社会发展方面，部分数据在统计口径、统计方法等方面很难统一标准，或者统计难度较大，影响了数据精度。在前面的综合评价测评过程中，发现个别统计数据存在不同年份变化差异较大的问题，从而对统计分析结果产生一定的干扰。初步判断出现这个问题的主要原因有两个方面：一是统计口径发生变化导致数据特征整体改变，二是存在个别地区的统计数据不够精准。因此，在基本公共服务均等化统计综合评价过程中需要进一步对统计数据统一性与精准性提出更高要求，尽力保证一定时间序列下指标统计方法的统一和规范，从而保证数据的统一性和准确性。

四、政策优化的重点方向

一是兼顾全面推进、重点发展，以解决我国当前面临的基本公共服务供给及其均等化发展时间紧、任务重的困难。一方面，根据社会经济发展不同时期不同区域不同需求，分阶段分重点地有序推进基本公共服务供给及其均等化各个领域。充分考虑到人力物力等各个方面客观因素的制约，在短时期内全方位同时推进的难度，同时还要考虑到不同省域不同人群发展特征不同，要秉承总体上全面推进、阶段上重点发展原则，有主次、分阶段地推进基本公共服务。如：对于惠及面大、对社会经济影响更深远的教育、劳动保障、医疗卫生、居住等方面，要在已有的普及基础上，重点考虑加强供给深度、供给效率及城乡和区域均等化等方面；另一方面，对于养老、残疾、军人等特殊群体的基本公共服务，要根据不同领域的发展阶段、紧迫性差异，适当进行重点调整，以实现全面推进，重点发展的总体目标。

二是针对特殊地区、特殊群体有所侧重和倾斜。一方面，针对农村地区，以乡村振兴为切入点，在乡村振兴战略与精准扶贫衔接和过渡过程中，尽快研究农村基本公共服务供给保障和均等化所承担的责任和义务；加强对农村贫困人口和其他困难群体的动态管理与监测，在确保监控农村贫困人口特惠政策的实施效果和成效的基础上，完善涉及农村基本公共服务供给和均等化发展的各项目标内容；构建城乡一体化的基本公共服务体系；另一方面，针对困难群体，在完善现有城镇基本公共服务基础上，加大对城镇困难群体的保障力度和深度，确保对城镇困难群体特惠政策的可及性和获得感；同时针对基本公共服务不同领域城乡差别不同，如在医疗、养老、文化体育保障等方面，以城乡统筹作为均等化的阶段性目标。

三是考虑基本公共服务不同领域各自的性质和供给特征及其外部性，根据宏观调控需求以及财权、事权对等原则，制定完善的相关法律法规，明晰各级政府在基本公共服务供给中的责任和义务；根据基本公共服务的不同领域特征和发展阶段，合理定位政府职能，确定供给主体和相应职责，制定相应有针对性的激励政策，合理引导社会公益性组织和企业积极参与基本公共服务的各个领域，有效利用社会资源，搭建一个以政府为主、社会公益性组织和企业为辅的基本公共服务供给主体结构。

四是完善监测和评价功能，确保供给公平和效率都得到提升。基本公共服务普遍具有公共产品或准公共产品属性，在有限的资源条件下，平衡公平和效率尤为重要。根据帕累托最优（Pareto Optimality）原则，资源分配的最优状态是一个项目的增加势必会导致其他项目的损失。尽管帕累托最优是一个理想的状态，但却为我们寻求一定资源条件下多项目发展提供了一个原则，即尽可能地做到一个项目的优化不会造成其他项目福利的减少。应用到基本公共服务供给和均等化中，一方面是如何平衡基本公共服务9个领域的发展及其关系，另一方面是区域间的均等化和政策与财政供给调整。而这些都需要一个完善的评价体系作为数据支撑，以获得更为合理的决策方案。因此，制定一个相对完善的评价监测体系十分重要。

五是从省域发展的视角看，政策优化的重点方向应从解决以下几个问题着手：其一，个别基本公共服务供给和均等化水平远远超出平均水平的区域对于整体水平的提升带动作用如何；其二，一般发展水平下的低速增长和低发展水平下的较快速度增长两类发展模式，其发展特征和潜在机理如何，哪一类更适合当下我国经济社会发展的总体需求；其三，全国统筹视角下，如何平衡各省、自治区、直辖市在不同发展模式下的发展；其四，统计指标和评价体系将从哪些方面着手，才能更好地为政策的制定提供理论支撑和数据帮助。

六是从基本公共服务各个领域看，根据初步统计分析结果分析，我国基本公共服务总体发展水平一般，在不同领域发展水平、发展质量和发展效率差异性较大。其中9大领域中除了学有所教基本上实现了目标、发展水平较好外，其余领域的发展距离预定目标都有较大的差距；从均等化水平看，幼有所育、学有所教、劳有所得、病有所医4项指标变异系数较小，均等化程度在现有水平下相对较好；而文化体育保障、弱有所扶2项指标变异系数大，各省域之间存在一定程度上的不均等问题；此外，住有所居、老有所养、优军优抚服务方面的变异系数较大，各省域之间不均等问题较为突出，特别是在住有所居领域不均衡问题极为明显。因此，对于均等化发展相对较好的领域，主要的政策导向应重点放在提高发展质量和效率方面；而对于发展不均衡的领域，要根据相应的领域和区域不同特征，制定相应的有针对性的政策，进行差异化发展。同时，可以在借鉴国内外发展经验基础上，进行基本公共服务供给模式方面的创新。

从财政政策的角度来看，重点要针对不同区域的财政政策支持力度予以适当调整；从具体政策措施制定看，如何平衡效率和公平，在提升发展效率和质量的基础上，协调普惠性和特惠性。

总而言之，基本公共服务供给及其均等化是一个十分复杂的庞大课题，涉及社会、经济发展的方方面面，也由于阶段、目标的不同而不断变化，因此，评价体系的建立也十分困难。基于此，本书尝试通过回顾总结国际上基本公共服务均等化水平较好的国家和地区的发展历程、经验和特色，考虑我国具体国情和现阶段发展特征，根据既定的基本公共服务9个领域，以现有省级统计数据作基础，进行了指标的初步设定并测算。测算结果基本上符合国家目前发展整体特征，也找到了普遍存在的问题及其根源，但囿于时间、数据等各方面客观原因的限制，一些问题还有待进一步更深入的研究和探讨。

参考文献

1. Lucy, W. H., Gilbert, D., Birkhead, G. S. (1977). Equity in local service distribution [J]. Public Administration Review, 37 (6), 687-697.
2. 句华．美国地方政府公共服务合同外包的发展趋势及其启示［J］．中国行政管理，2008（7）：103-107.
3. 张启春．区域基本公共服务均等化的财政平衡机制——以加拿大的经验为视角［J］．华中师范大学学报（人文社会科学版），2011，50（6）：29-37.
4. 黄燕芬，党思琪，杨宜勇．德国基本公共服务标准体系及经验［J］．中国物价，2018（10）：78-80+84.
5. 张亲培．日本基本公共服务均等化特征及启示［C］．地方政府发展研究（第四辑）．汕头大学地方政府发展研究所，2009：85-91.
6. 刘德吉．基本公共服务均等化：基础、制度安排及政策选择角［D］．上海：上海社会科学院，2010.
7. 吴雨坤．加拿大财政转移支付制度及其借鉴［J］．宏观经济管理，2014（12）：84-86.
8. 巩真．教育均等化政策对收入差异影响的国际比较——美、韩经验借鉴和中国问题分析［J］．陕西师范大学学报（哲学社会科学版），2006（2）：117-123.
9. “公共服务均等化”课题赴美加考察团，马晓河，罗蓉．加拿大和美国基本公共服务均等化情况的考察［J］．宏观经济研究，2008（2）：29-34.

10. 伊向仁．美国教育变革运动中体育理论资源的发展［J］．体育学刊，2009，16（10）：46-53.

11. 陶西平．在交流与借鉴中创新［N］．人民政协报，2016-08-03（010）．

12. 陈园园．美国义务教育均衡发展的策略及启示［J］．江西教育，2009（7）：43-44.

13. 任晓辉．美国教育统计和指标体系探究［J］．高等教育与学术研究，2006（1）：172-175.

14. 柯卫，吴浩伟．日本、德国和美国公民平等受教育权法律保障制度的比较及其启示［J］．山东社会科学，2020（5）：148-154.

15. 卡尔·施米特．宪法学说［M］．刘锋，译．上海：上海人民出版社，2005.

16. 鲍尔生（Friedrich Paulsen，F.）．德国教育史［M］．滕大春，滕大生，译．北京：人民教育出版社，1986.

17. 孙进．德国教育投入的规模、结构及特点［J］．比较教育研究，2009，31（5）：25-29.

18. 陈峥．英国义务教育福利化的历史发展［J］．湖南师范大学教育科学学报，2011，10（3）：36-39.

19. 杜晓敏．全纳教育视野下的基本公共教育服务均等化研究［D］．上海：华东师范大学，2016.

20. 张华．中国城镇化进程中城乡基本公共服务均等化研究［D］．沈阳：辽宁大学，2018.

21. 孙涛．我国基本公共教育服务均等化问题研究［D］．大连：东北财经大学，2015.

22. 刘琴，张继良．国外对外来人员基本公共服务保障政策及启示［J］．调研世界，2015（5）：60-65.

23. Shin-Bok Kim. 韩国教育模式的变革与发展［J］. 教育发展研究，2005（19）：29-34.

24. 苏娜. 台湾地区普及“十二年国民基本教育”的政策及其启示［J］. 教育政策观察，2015（5）.

25. 阮向前. 台湾社会医疗保障体系的发展及启示［J］. 新经济，2016（12）：18-20.

26. “公共服务均等化”课题赴美加考察团，马晓河，罗蓉. 加拿大和美国基本公共服务均等化情况的考察［J］. 宏观经济研究，2008（2）：29-34.

27. 袁玲. 我国城镇医疗保障制度研究［D］. 大连：东北财经大学，2005.

28. 周毅. 医疗体制改革比较研究［D］. 杭州：浙江大学，2015.

29. 樊晓娇. 英国以社区卫生服务为核心的卫生保健体系对中国的启示［J］. 中国全科医学，2013，16（35）：3403-3405.

30. 桑凤平. 城乡基本公共卫生服务均等化：经验观照与下一步［J］. 改革，2012（5）：150-153.

31. Chan Chee Khoon. 过渡中的日本卫生体系［J］. 医学与哲学（人文社会医学版），2007，28（8）：9-11+23.

32. 宋金文. 日本医疗保险体制的现状与改革［J］. 日本学刊，2005（3）：59-75.

33. 谭景琛，朱孔东，牛彦. 韩国医疗卫生体制的认识与借鉴［J］. 中国卫生经济，2008（7）：79-80.

34. 魏颖，王玉洵. 韩国、日本医疗卫生保健体制及思考［J］. 中国卫生经济，1994，13（2）：8-10.

35. 陈建新，陈慧丹，伍芷蕾. 从新公共管理的效率与效益看医疗改革——以香港和澳门医疗券发展为例［J］. 公共管理与政策评论，

2014，3（2）：67-76.

36. 李超民．美国社会保障制度［M］．上海：上海人民出版社，2009：12.

37. 周幼曼．一些发达国家推进基本公共服务均等化的经验与启示［J］．理论建设，2013（4）：8-13.

38. 樊鹏．公共服务体系“非公化”须谨慎——基于德国医院体系改革成效的经验分析［J］．经济社会体制比较，2013（3）：125-137.

39. 黄燕芬，党思琪，杨宜勇．德国基本公共服务标准体系及经验［J］．中国物价，2018（10）：78-80+84.

40. 沈建，张汉威．德国社会养老保障制度及其启示［J］．宏观经济管理，2008（6）：69-72.

41. 骆立云．老龄化下的德国养老体系特征及影响［N］．中国社会报，2015-04-20（007）.

42. 石美遐．中外养老保险基金来源及缴费比例比较研究［J］．财政研究，2007（3）：18-21.

43. 杨光，李宏．日韩基本公共服务供给经验［J］．中国财政，2014（15）：72-73.

44. 夏北海．日本的医疗保健体系和医疗保险制度简介［J］．中国农村卫生事业管理，2004（6）：60-62.

45. 李雪，原新．韩国公共养老保障制度困境及其对我国的启示［J］．人口学刊，2014（4）：94-103.

46. 杨伟国，雷珂，张慧云．中国香港社会保障政策的变迁及启示［J］．北京航空航天大学学报（社会科学版），2016，29（4）：1-7.

47. 王丽娅．粤港澳三地社会保障制度的比较研究［J］．国际经贸探索，2010，26（6）：45-52.

48. 苗桂祥．台湾地区现行的社会保险制度［J］．环渤海经济瞭望，2004（3）：53-54.

49. 郑宇．台湾地区社会保障制度的建立和发展［J］．社会科学动态，2017（10）：106-113.
50. 李留东，田林，杜浩楠，刘博，王家宏．美、德、英三国公共体育服务建设经验及启示［J］．天津体育学院学报，2019，34（6）：466-473+485.
51. 袁航．香港公共文化服务模式的特点与启示［J］．河南教育学院学报（哲学社会科学版），2015，34（1）：40-44.
52. 严贝妮，李晓旭．我国台湾地区公共图书馆阅读推广实践研究［J］．图书馆建设，2019（6）：135-143.
53. 陈显健．韩国体育发展模式对长三角地区建设体育强省的启示——以浙江省的调研为个案［J］．体育与科学，2007（3）：54-58.
54. 范威，宋剑英．日本2011《体育基本法》解析［J］．武汉体育学院学报，2012（3）：39-43.
55. 刘玉．发达国家体育公共服务社会化改革实践及启示［J］．成都体育学院学报，2011，37（3）：1-5.
56. 马宣建．香港体育的过去、现在与未来［J］．体育科学，1997（3）：10-18.
57. 傅玉能，胡国胜．海峡两岸社区体育发展比较［J］．体育文化导刊，2005（9）：14-16.
58. 熊攀．20世纪后期美国退伍军人社会保障研究［D］．成都：四川师范大学，2019.
59. 伍琳．美国残疾人社会保障财政支持：启示与借鉴［J］．福建农林大学学报（哲学社会科学版），2016，19（1）：78-82.
60. 金用得，金炳彻．韩国残疾人社会服务标准体系研究［J］．残疾人研究，2017（3）：28-37.
61. 金梅．国外残疾人公共体育服务实践的经验与启示［J］．西安体育学院学报，2019，36（1）：10-17.

62. 李金玉，金博．香港地区残疾人社会福利制度及其启示［J］．西安工业大学学报，2012，32（7）：572-577.

63. 刘苏荣．论英国的儿童社会救助政策及其对我国的启示［J］．经济研究导刊，2015（16）：56-59.

64. 唐时钊．我国居民最低生活保障立法研究［D］．宁波：宁波大学，2010.

65. 崔凤，杜瑶．城市最低生活保障“身份化”探析［J］．江海学刊，2010（6）：135-139+239.

66. 剧宇宏．我国农村社会救助制度的思考［J］．农业经济，2012（10）：38-40.

67. 李海荣．社会服务：香港经验及启示［J］．甘肃行政学院学报，2013（5）：28-39+73+126.

68. 郑宇．台湾地区社会保障制度的建立和发展［J］．社会科学动态，2017（10）：104-111.

69. 黄逸宇．美国住房保障制度的经验和启示（下）［N］．中国建设报，2010-10-27（002）.

70. 刘波，赵继敏．世界城市住房保障政策比较研究［J］．国际城市规划，2012，27（1）：16-20.

71. 周望．世界各国构建住房保障体系的基本模式和经验归纳［J］．当代世界，2010（9）：61-62.

72. 李文涛．重庆市经济适用房现状分析及发展研究［D］．重庆：重庆大学，2008.

73. 石亚东．完善我国住房保障体系的财税政策分析［J］．中央财经大学学报，2014（6）：11 18.

74. 谢义维，江峰．发达国家住房保障制度体系比较研究［J］．江西社会科学，2014，34（9）：197-201.

75. 孙淑芬．日本、韩国住房保障制度及对我国的启示［J］．财经问题研究，2011（4）：103-107.

76. 金银姬．韩国公共住房政策对中国的启示［J］．城市开发，2006（11）：83-85.

77. 代懋，李若冲．中国香港住房保障体系的综述及评估［J］．北京航空航天大学学报（社会科学版），2016，29（4）：8-14+21.

78. 王慧慧．我国台湾住房保障体系及其特点［J］．中国城市经济，2011（3）：287-288.

79. 万涛．台湾住房保障政策演变与启示［A］．中国城市规划学会、贵阳市人民政府．新常态：传承与变革——2015 中国城市规划年会论文集（16 住房建设规划）［C］．中国城市规划学会、贵阳市人民政府：中国城市规划学会，2015：12.

80. 邓婷．韩国就业保障制度［J］．重庆工学院学报（社会科学版），2009，23（4）：37-39.

81. 杨文忠．韩国雇用保险制度［J］．中国劳动保障，2007（10）：61-62.

82. 王冰．德日解决就业问题的经验及其启示［D］．长春：吉林大学，2007.

83. 车维汉．日本就业政策特征分析及其对我国的启示［J］．经济研究参考，2002（89）：39-44.

84. 周幼曼．一些发达国家推进基本公共服务均等化的经验与启示［J］．理论建设，2013（4）：8-13.

85. 唐铁汉，李军鹏．公共服务的理论演变与发展过程［J］．新视野，2005（6）：38-40.

86. 张菊梅．美国公共服务改革及其对中国的启示［J］．电子科技大学学报（社科版），2014，16（2）：13-17+38.

87. 潘华．美国公共服务供给体制的改革历程、主要特征及启示［J］．中国经贸导刊，2015（18）：58-61.

88. 林俏．美国社会保障法律制度及其对中国的借鉴意义［J］．石家庄经济学院学报，2012，35（1）：125-129.

89. 于洪．加拿大：政府主导的全民医保［J］．中国医院院长，2013（19）：74-77+14.

90. 仇雨临．加拿大社会保障制度对中国的启示［J］．中国人民大学学报，2004（1）：57-63.

91. 董超群．关于我国基本公共服务均等化问题研究［D］．太原：山西财经大学，2015.

92. 徐水源．流动人口基本公共服务均等化的德国经验及其启示［J］．人口与社会，2016，32（4）：45-51.

93. 丁元竹．基本公共服务均等化视角下的收入分配体制改革［J］．中国发展观察，2012（11）：6-9.

94. 杨波．论基本公共服务均等化的演进特征与变迁逻辑——基于2006-2018年政策文本分析［J］．西南民族大学学报（人文社科版）．2019（5）．

95. 国务院．“十三五”期间促进基本公共服务均等化规划的通知［R］．http：//www. 360doc. co.

96. 郭小聪，代凯．国内近五年基本公共服务均等化研究：综述与评估［J］．中国人民大学学报．2-13（1）．

97. 孙怡帆，杜子芳，邢景丽．基本公共服务绩效评价指标体系构建［J］．统计与决策．2016（3）．

98. 刘妮．钙基脱硫剂反应性能评价体系及反应机理的研究［D］．杭州：浙江大学，2002.